和紅茶ペアリング

和紅茶を通して考える
味覚と香り、
組み合わせの秘密

和紅茶専門店 紅葉 代表
岡本 啓
Hiroshi Okamoto

和紅茶のプロが教える、基本的な淹れ方、ペアリングの基礎と考え方。

Parade Books

最初に

　落語に「饅頭怖い」という話があります。有名な話ですのでご存じの方も多いでしょう。

　「饅頭が怖い」と怖がる男をからかおうと、周りの人間が沢山の饅頭を買ってきてその男の家に投げ込みます。しかし、実はそれは嘘で饅頭は大好物。喜んで饅頭をほおばる男に彼等は「だましやがったな！　お前が本当に怖い物はなんだ？」と聞くと

　「今は渋〜いお茶が一番怖い」

　という落とし噺です。

　そう、甘い饅頭を沢山食べたら、今度は渋いお茶が飲みたくなる。そしてまた次の饅頭を美味しく食べたくなる。これこそ大昔から続くペアリングの原点ではないでしょうか？

　紅茶は現在、世界中で飲まれている飲料で、その品質、喫茶文化は様々。何も入れずに楽しむ国もあれば、温めていないミルクを入れる国、ミルクで煮出す国、塩を入れる国、レモンを入れる国、それぞれ優劣を付けられるものではありませんが、その国に行って、皆が一緒に食べているお菓子、料理と合わせればどれも美味しいものです。

　しかし、同じようなレシピを日本で作って、いきなり人に振る舞っても、不思議な顔をされるだけで美味しい！　と喜んでもらえるケースは限られているでしょう。

　お茶と食べ物の組み合わせは、それぞれの国の文化、歴史、環境によって変化します。そして、庶民にお茶が馴染み、文化として定着していく過程で誰もが気軽に楽しめるものへ変わっていきます。

　和紅茶という視点を通して私が今まで培ってきたペアリングのコツをまとめました。和紅茶以外のジャンルにも当てはまることが沢山あります。

　日本で生まれてくる様々な紅茶を、皆様がより自由に、長く深く楽しんで頂けるヒントになれば幸いです。

　また、この本は自分の営業や宣伝目的でもありませんので、使用している紅茶に関しては私の経営するお店の商品名などは極力使わず、産地や品種名で表しています。ただし、どうしても私が普段馴染んでいる紅茶の方が、その長所も短所も分かっていますので、セレクトに偏りがあることはご容赦下さいませ。

　同じ品種や産地でも作る人、年度によって性質が大きく変わることがありますので、各銘柄はあくまで参考として、どうか皆様の自由な感覚で和紅茶の魅力を楽しんで頂きたいと思います。

　和紅茶専門店 紅葉〜くれは〜
　代表　岡本 啓

目　次

最初に ……………………………………… 002

第1章
和紅茶とペアリング
―ペアリングと美味しさの話―
007

ペアリングとは何か？ ………………… 008

なぜペアリングは重要なのか？ ……… 008

ペアリングが料理の美味しさを
　膨らませるその原理 ………………… 009

　　香りと味をリセットする効果 ……… 009

　　最後まで食事を飽きさせなくする効果 … 010

　　その時食べたものはすべて口に
　　「記憶」され残っている ……………… 010

　　ペアリングは栄養豊富に感じる？ … 011

　　経験を想起させる ……………………… 012

　　ペアリングは味の組み合わせと、
　　香りの組み合わせがある …………… 013

味のペアリング ………………………… 013

　　五味の相性 ……………………………… 013

　　苦みは味覚、渋みは感覚 …………… 013

　　コラム　タンニン分とペアリング　014

第2章
テクスチャマッピングとその考え方
―食べ物と飲み物の近い、近くない、とは何か？―
017

テクスチャマッピングの見方 ………… 018

　　緑茶 ……………………………………… 018

　　烏龍茶 …………………………………… 018

　　紅茶 ……………………………………… 018

　　その他のお茶（焙じ茶・プーアル茶）… 018

　　お茶以外の素材への転用 …………… 019

飲料をもう少し詳しく
　テクスチャ化してみる ……………… 020

　　アッサム ………………………………… 020

　　ダージリン ……………………………… 020

近い性質、とは何か？ ………………… 021

　　テクスチャマッピングを見ながら
　　ペアリングを考える ………………… 022

　　熱は素材を地に近づける
　　（ただ、香りをほんの少しだけ天の方に向かせ、
　　引き立てるようになる） …………… 023

　　コラム　素材の中にも色々ある　023

　　ペアリングする時、少し天に近いものを合わせる
　　と香りが立つ。地に近いものを合わせると、
　　溶け合って落ち着く ………………… 024

　　肉、魚は色で
　　近いテクスチャを持つと考える …… 027

　　素材だけでなく、料理全体で捉える … 027

　　コラム　料理人の一皿　027

　　繋ぐ効果のあるもの ………………… 028

　　五味はそれぞれにある
　　ただし性質は異なる ………………… 029

　　コラム　ペアリングの善し悪しは好みや
　　経験によっても変わる　029

ペアリングは味覚や嗅覚
　だけではない付加価値が加わる …… 032

　　ペアリングという「空間」が
　　作り出す味わい ……………………… 032

● 和紅茶の魅力を伝える為に…… ……… 033
● ペアリングと誂えでイメージをリセットする … 033

第 3 章
ペアリングの考え方とテクニック
035

実際にペアリングしてみよう ………… 036
● 食べ物を見てみる ………………… 036
コラム すき焼き店でのドルチェ 036
● 紅茶を見てみる ………………… 036
● 近い物を探す ………………… 037
● 調味料と付け合わせで整える ……… 037
● 間に挟む ………………… 037
● 変化させてみる ………………… 038
コラム 最適な濃度 038

活用編 ………………… 039
● とんかつを買ってきて ………… 040
● お寿司を買ってきて ………… 041
● カレーを買ってきて ………… 043
コラム 唐揚げにレモンの謎 044

第 4 章
和紅茶の世界
045

紅茶の基礎 ………………… 046
● お茶の分類 ………………… 046
● 紅茶の起こり ………………… 046
● それぞれの行程で起こること ……… 047
　1.栽培 ………………… 047
　2.摘採(てきさい) ………… 048
　3.萎凋(いちょう) ………… 048

　4.揉捻(じゅうねん) ………… 049
　5.発酵 ………………… 050
　6.乾燥 ………………… 050

和紅茶の特徴 ………………… 051
和紅茶が作られている現場 ………… 052
和紅茶の分類と淹れ方 ………… 054
● 各分類の特徴　滋納 ………… 054
　一般的な滋納のテクスチャマッピング … 055
　滋納の淹れ方と楽しみ方 ……… 055
　滋納を味わう器 ………… 056
　滋納のペアリング基礎 ……… 056
● 各分類の特徴　望蘭 ………… 057
　一般的な望蘭のテクスチャマッピング … 058
　望蘭の淹れ方と楽しみ方 ……… 058
　望蘭を味わう器 ………… 058
　望蘭のペアリング基礎 ……… 058
● 各分類の特徴　清廉 ………… 059
　一般的な清廉のテクスチャマッピング … 060
　清廉の淹れ方と楽しみ方 ……… 060
　清廉を味わう器 ………… 060
　清廉のペアリング基礎 ……… 060

和紅茶の様々な淹れ方 ………… 060
　減量法 ………………… 061
　低温抽出法 ………………… 061
　水割り法 ………………… 061

さらに細かく
　和紅茶の味を変える要素「器」………… 062
● 口が広く、反っていない器 ……… 062
● 口が細く、外側に反っていない器、
　縦長の器 ………………… 062
● 外側に反っている、生地が厚い器 ……… 063
● 口が反らず低い、
　あるいは内側に反っている器 ……… 063
● 口が外側に反り、生地が薄く、
　なだらかに広がる器 ………… 063

コラム　ラーメンスープの美味しい飲み方　064

コラム　経験、心が喜ぶペアリングとサービス　065

コラム　背景で合わせるペアリング
　　　　―より奥深い上級のペアリング―　066

コラム　ワインとの共通点と相違点　067

コラム　温度帯と味覚　068

コラム　香りのラベリング　069

第5章
実践編
071

辛みとのペアリング ―――――――――――― 072
● クレソンと初夏のサラダ×
　月ヶ瀬べにひかり ―――――――――― 072

酸味とのペアリング ―――――――――――― 074
● 金柑のスパイスとワインのキャラメリゼ×
　鳥取紅茶べにひかり＋王林 ――――――― 074

苦みとのペアリング ―――――――――――― 076
● ゴボウと鶏肉のワイン煮×
　南薩摩べにひかりファーストフラッシュ ――― 076
● お花のポテトサラダ×
　伊万里ファーストフラッシュ ――――――― 078

魚料理に合わせる ―――――――――――― 080
● 鯛のカルパッチョ×
　杵築(きつき)紅茶べにふうき・そうふう ――― 080
● 鯛のアクアパッツァ×香駿 ――――――― 082
● カツオのタタキ×芦北春紅茶 ――――――― 084
● マグロのステーキ×印雑131 ―――――――― 086

料理の甘みとのペアリング ―――――――――― 088
● 秋の味覚のかき揚げ×
　いずみオータム(1年熟成) ――――――― 088
● 秋野菜のオムレツ×嬉野紅茶ふじかおり ― 090

● たっぷりキノコのクリームパスタ×
　牧の原ファーストフラッシュ2021 ―――――― 092

スイーツの甘みとのペアリング ――――――――― 094
● チョコレート×みらい・南薩摩べにひかり ― 094
● ベリーケーキ×杵築べにふうき ――――――― 096
● どらやき×鹿児島産べにふうき ―――――― 098

アレンジティーとペアリング ―――――――――― 100
3種のボンボンショコラ×
　天の紅茶＋クロモジ＋
　バーボン(I.W.ハーパー 12年) ――――― 101
苺のザッハトルテ×
　瀬戸谷もみじ紅茶＋焙じ茶＋ミント＋
　ブランデー(ダニエル ブージュ) ――――― 102
ガトー　エキゾチックピスターシュ×
　月ヶ瀬紅茶(ウンカ芽)＋
　ジン(ジーヴァイン) ―――――――――― 103
コラム　ペアリングと化学成分　104

第6章
和紅茶のペアリングが
楽しめるお店紹介
105

お野菜小皿料理のワインバル KiboKo ― 106

お茶とお菓子まやんち ―――――――――― 107

茶 cafe&shop chabaco ――――――――― 108

コラム　ペアリングで美味しさが長持ちする。
　　　　割烹ふしきの 109

JAPANESE TEA HORN ――――――――― 110

あとがき ――――――――――――――――― 111

和紅茶とはなんでしょう？

　和紅茶とは、一言で言ってしまえば「日本の土地で育った茶葉を使い、日本で製造された紅茶」ということになります。

　それだけでは単なる国産の紅茶、というだけのことになりますが、日本で作られる中で、日本の気候、品種、そして作り手である日本のお茶農家さんたちの感性がそこに色濃く反映されます。

　その為、普段馴染みがあるであろうインドやスリランカの紅茶とは違う紅茶が作り出されています。後述するように、日本の地力と心がこもった「和」の紅茶を、イギリスで楽しまれている紅茶のイメージで、スコーンとミルクティーで楽しもうとすると、その魅力は十分に引き出せません。場合によっては紅茶として美味しくない、と勘違いしてしまう場合もあります。

　そのまま飲んで美味しいのがもちろん一番ですが、ペアリングを通じて食材や紅茶を見ると、単なる五味や香りだけではない、実に奥深い世界が広がっていることに気がつくでしょう。

　食に興味のある人達がワインと料理の組み合わせを楽しんでいるように、ペアリングを通じて今お皿に並んでいる食べ物、カップの中のお茶にどんなストーリーが込められているか？　そんなことを考えるきっかけにもなって頂ければ幸いです。

第 1 章

和紅茶とペアリング
──ペアリングと美味しさの話──

　羊羹と合わせた和紅茶。パンチが弱い！　と揶揄されやすかった和紅茶も、このようなペアリングとセッティングで提供されれば即座に飲み手の情報は更新され、はじめて飲む和紅茶を楽しむ為の前準備がお客様の中に出来上がっていきます。

ペアリングとは何か？

　ペアリングとはそもそも何なのか？　まずは基本の話から始めましょう。一般的に飲食の世界でペアリングと言えば、食べ物と飲み物で、相性の良い物同士を合わせることです。

　主にワインの世界で使われてきた概念でしょうが、近年は日本酒などのお酒類を始め、紅茶やコーヒーなどの嗜好飲料全般でのペアリングが注目されるようになってきました。

　ペアリングを意識しない人でも、辛口のカレーを食べながら熱々のコーヒーを注文する人は少ないでしょうし、おにぎりを食べながらカフェオレが欲しくなる人もほとんどいないでしょう。皆、無意識に良い組み合わせ＝ペアリングを考えて食事と飲み物を選んでいるのです。

　ただ、普段の生活から離れた部分になると、無意識的には選べません。ワインにも紅茶にも様々な種類があります。相性が悪い物を選んでしまうと本来美味しい食べ物と飲み物、両方がまずく感じてしまうことがありますし、逆に良い組み合わせであればそれぞれ単体で楽しむよりも何倍も美味しく感じることもあります。

　食べ物に合わせて最適な飲み物を選び、食事の時間をさらに奥深く楽しもうというのがペアリングです。ワインの世界ではマリアージュという言葉も使われます。単なるペアリングだけではなく、合わせたときに新しい香りや味が発揚してくるような組み合わせをマリアージュと呼びます。

なぜペアリングは重要なのか？

　ペアリングは適切に行えば、料理の満足度を上げる事が出来ます。飲食店としては売り上げが上がります。同じ料理でも環境、音楽、壁の色、盛り付けなどで実際に人間は香りや味の感じ方が変わり、満足度も変わることは様々な実験で実証されています。

　不思議な事のようですが、皆さんにも心当たりがあるのではないでしょうか？　美味しいと思うけど、なぜかまた行く気にならないお店。特に理由はないけどまた食べたくなる味。心を込めて作るレストランの料理は実際には何が違うのか？　「何が違う？」と言われても分からないけど、実際に満足度はそれぞれ違います。

　人間の味覚と嗅覚は想像を絶する感覚を持っている反面、様々な要素で簡単に変化します。同じ料理でもペアリングは意識的にも無意識的にも食事の楽しみを数倍に膨らませます。実際の効果としては

・香りと味をリセットする効果
　次の一口の美味しさをより感じやすくさせ、さらに膨らませる

・最後まで食事を飽きさせなくする効果
　緩やかな変化によって人間の脳に喜びを与える

・イメージやテーマを伝えやすくする効果
　料理とサービスのテーマをより明確に伝える事ができる

　このような様々な付加価値を食事に与えてくれます。食事する側からすればより食事の時間を

楽しむ事が出来ますし、サービスする側からすれば顧客の満足度を上げることができます。逆に間違ったペアリングをしてしまった場合、せっかくの美味しい料理の魅力が半減したり、飲食店としては注文を頂ける量が実際に減ってしまったりします！　これではあまりにお互いにもったいないです。ペアリングの基礎を知れば、食事はより楽しくなり、サービスする側はよりお客様を喜ばせることができます。

ただの観念論ではありません。なぜ上記のようなことがペアリングによって起こるのか見ていきましょう。

ペアリングが料理の美味しさを膨らませるその原理

● 香りと味をリセットする効果

ペアリングでよく使われる言葉に「次の一口がまた美味しくなる」というものがあります。冒頭に書いた「饅頭怖い」の話と同様、甘い物も続くと飽きが来たり刺激に感じたりします。脂分が多い物ばかり食べると口の中がべたつきますし、辛みが続くと舌が麻痺したように痛くなってしまいます。

お寿司の場合、大きい湯飲みに緑茶がサービスされますが、あれはガリ、と呼ばれる生姜の酢漬けを食べてから飲むのが基本です。新鮮なお魚といえども、続きすぎると生臭さを強く感じてしまうようになってしまいます。せっかくの新鮮なお魚が、わずかに残る魚臭さが複数重なることによって、食べた瞬間、ふっと生臭みに感

じる事があります。実際にはそれはその魚そのものの臭みだけでは無く、今まで食べてきたものの香りが重なることで一瞬強調されて感じただけの錯覚なのですが、瞬間的に「生臭いな」と思ってしまい、新鮮ではない魚に勘違いされては料理人としては不本意でしょうし、もったいないことです。私も、錯覚かな？　と思う魚臭さを感じたとしても、一度魚臭い、と思ってしまうと食事を楽しむどころかかえってその臭みを頭が勝手に探してしまい、十分に楽しめなくなってしまいます。

そこで熱々の緑茶を飲むと、実は逆に魚臭さが目立ってしまいます。ここは一旦ガリを食べ、それから緑茶を飲むことで、まず酢や生姜の香りで魚臭さは消え、ガリの甘さと酸味はお茶の苦渋味で消され、舌の表面温度も体温近くに戻され、最初の一口に近い状態でまたお寿司を楽しむ事が出来ます。

リセットすることで次のお寿司をまたベストの状態で楽しむ事ができるという訳です。

なお、余談ですが、お寿司に緑茶は合わないと先ほど書きましたが、とある大手回転寿司チェーン店のお茶はお寿司が魚臭くならないようにちょっとした工夫がしてありました。細かい部分までよく考えてあるなと感心したものです。

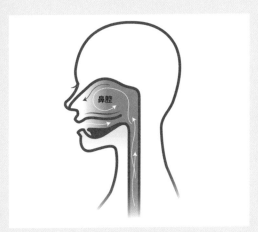

本人が気づかない内に、前に食べたものの味や香りは影響している

● 最後まで食事を飽きさせなくする効果

　人間の味覚は香りに非常に影響されているということはご存じでしょう。しかし、人間の嗅覚は急速に現在の香りに慣れてしまいます。香水や服の匂いがきついのに、当の本人は慣れてしまっているので全く気がついていなかったり、一度出た部屋に再び戻ってくると部屋に充満していた匂いに気がついたり、それでいて座った頃にはもう匂いの事は忘れていたり……という経験は誰にでもあるでしょう。

　人間はよほど意識しない限り、既にある香りにはすぐに慣れて感じ方が弱くなってしまいます。香りが感じなくなるということは、美味しさも感じにくくなっていく、という事です。その為に、美味しい料理は噛むほどに食感が変わったり、中身が噛み砕かれたときに香りが広がることでより美味しくなる工夫がされています。具だくさんのコロッケなどはその良い例でしょう。しかし、咀嚼が進むと段々それも均一化されていきます。そこに、その食材と調和するお酒や飲み物が入ると、具が1つ増えたようなもので、香りに変化が生まれ、また新しい刺激を脳が探知し喜びを感じます。全く違う物でリセットする

のではなく、特定の香りを引き出したり、違う香りに変化させることで、一つの食材を何度も楽しむ事が出来ます。

　例えば、薬味が沢山入った中華料理やピザなどにはコーラが合う、と楽しむ人がよくいますが、これはそれらに使われている生姜やシナモンなどのハーブに共通性があり、緩やかな変化が起こる為だと思われます。単にお水を合わせるよりも何倍も味わいが楽しくなりますのでぜひ一度お試し下さい。

　香味が近い物同士を合わせる、というのはペアリングの基本的な考えで、ワインやコーヒー、お茶など専門分野が違うもの同士でも共通したやり方です。慣れてくるとソムリエやレストランのシェフなどジャンルの違うスペシャリストとも楽しく会話が出来るようになります。

● その時食べたものはすべて口に 「記憶」され残っている

　自分は気がついていないのに、自分の吐く息でこっそり食べたものが家族にばれたことが一度くらいは経験ないでしょうか？　私の娘が3歳の時に娘に隠れてパンを食べたあと、保育園へ迎えに行ったら会った瞬間に「自分だけずるい！」と突然泣かれたことがありました。食べたものの香りはしばらく残っています。それは口の中だけでは無く、喉から食道、おそらく胃の方から呼吸と共に口と鼻を出入りしています。香りというのは我々の想像以上に長く体内を行き来しています。

　そして、食に興味のある人はご存じのように、人間は香りを「味」と錯覚します。ただの砂糖水にりんごや桃の香料を加えるとそれだけで果汁を飲んでいるような錯覚になり、逆に鼻をつまんで目隠しして複数のジュースを飲ませると人

間はそれがりんごか桃か、バナナか区別が付かなくなってしまいます。レストランのコースや懐石は恐らく空腹感以外にも、このような香りの蓄積も計算した順番になっているのでしょう。消化に時間がかかり、香りがきつい物は始めの方には来ないでしょう。もしかしたら厨房の中で単体で食べた場合はまあまあなのに、コースの中で食べたら感動する、という料理もあるかもしれません。

このように、人間の味覚は常に変化しています。次々と口の中に入ってくる食事の香りを十分に味わう場合、お水では香りをリセット出来ません。先ほどのお寿司の話のように、生臭さ等が蓄積されてしまいます。これらの残り香の面倒なところは、自分自身は気がつかず、なんとなく「飽きる」とか「感動が感じられない」といった緩やかなマイナスイメージになってしまうことです。

● ペアリングは栄養豊富に感じる？

では、相殺では無く、近いものを合わせるペアリングの場合はどうでしょう？　ワインの世界でもバラの要素があれば同じバラの要素を持った料理に合わせる、基本的なペアリングがあります。熟成して味わいも個性的な香りが出てくれば、チョコや同じく熟成したドライフルーツやチーズを、逆にフレッシュな白ワインであればフレッシュな要素を加えた素材、魚の料理に若々しいハーブや柑橘を使ってフレッシュさを演出します。ワインの中にカカオの要素を感じれば同じくカカオを使った料理を作り、カカオ感をより引き出します。

まず我々生き物は食事で栄養を摂取しなければ生きていけません。当然、我々現在を生きる人間の多くのように必要な栄養を日常的に労せず摂取出来た時代は歴史的に少ないでしょう。栄養を効率良く摂取出来た時に我々の脳は喜びを感じ、良い経験としてそれを記憶するようです。

後に説明するように、我々は近い味が複数あるとそのそれぞれの特徴は穏やかに感じ、それを美味しい、と感じます。具体的には酸味は単体で存在するより、複数の素材の酸味が加わると美味しい（多くの場合はもっと大雑把に「甘い」、という表現になるようです）と感じるようです。良く似てはいるが違う物が一度に大量に入ってくると、それは栄養豊富なものと錯覚（？）して喜びを感じます。

よく料理やスパイスの世界では3種類以上（人によっては5種類と言う）のスパイス、あるいは調味料を混ぜると香りはトゲが無くなり、美味しさが増すと言われます。これは調和によって我々の舌や鼻、あるいは脳がそれぞれの素材を個別に判断するのでは無く、総合的に「色んな要素が混じり合ったもの」と感じるためです。

逆に、その中に不釣り合いな酸味や苦みなどを感じると、脳は即座に「これは危険なものが入っているかもしれない」と警戒モードになり、その味覚を探ろうとします。同時に他のいい部分は舌で感じていても脳の方では隅に追いやられるでしょう。これは知識と経験も関わってきます。ワインが好きな人が「ブショネ」と呼ばれるコルクの腐敗臭を覚えてしまうと、それを強く感じてしまうのと同様です。

ペアリングを程よく行うと、食事がさらに「自分にとってより有効なものに変化した」と慣れによる味覚と感覚の鈍化を防ぎ、さらに喜びを増す効果があります。

逆にペアリングを間違えれば脳に余計な緊張感を持たせ、良さよりも危険な部分を探すモードに切り替わってしまいます。

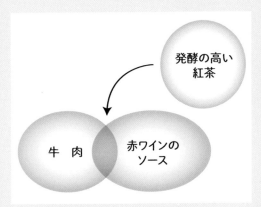

ペアリングが最適で、それぞれの個性が調和した
場合、全体的に喜ばしいものと判断される

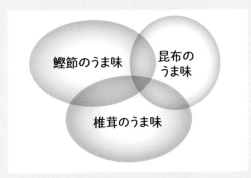

似ているけれど違う物同士が程よく集まると、それ
ぞれの個性が感じにくくなる反面、全体的に栄養
豊富なものと判断される。

　つまり、素材に似た要素のものが入ってきた
時にペアリングでは「調和した」とか「溶け合っ
て」という言い方をしますが、それぞれの個性が
混じり合い喜ばしいもの、と我々の脳は判断し
ます。

　なので、紅茶を飲んだ時、フレッシュでグリー
ンな要素を感じたら、その緑の要素がバジル的な
のか、ライム的なのか、ネギのようなのか、マス
カットのようであるのかを感じ取ることは重要
です。スパイシーで刺激的な要素も加わってい
ればバジルやフェンネルなどのハーブに近いか
もしれません。その場合は同じくバジルを使っ
た、あるいは使っていそうなものに合わせる事
で香りの重合が起こり、複雑になることによっ

て、複雑だけど統一感のある、栄養豊富な何かが
入ってきたことになり、脳はより喜びを我々に
与え、それをもっと楽しむように指令してくる
と思われます。

● 経験を想起させる

　また、我々は経験的に美味しい物を覚えてい
ます。母の手料理だったり、郷土の誇る料理法で
あったり。一流レストランではじめて食べた料
理。あるいは、最初は美味しくないと思っても
経験を重ねて行くうちに美味しいと思うように
なったものもあるでしょう。それは苦みであっ
たり渋みであったり発酵物であったりすること
が多いでしょう。紅茶などもその代表的なもの
だと思います。

　もしバジルのような香りを感じる和紅茶が
あったとして、そこにバジルが加わるとより美
味しそうなもの、ピザであったり、タルタルソー
スのかかったフライであったりすれば、例えバ
ジルは入っていなくても、ペアリングした時に
今まで食べた美味しい料理の記憶を刺激する可
能性があります。

　ペアリングの難しいところは、料理全般に言
えることなのでしょうが、美味しさ、好ましさと
いうものが、様々な要件で成り立っており、個人
の経験も大きいところにあります。もしチーズ
とある和紅茶をペアリングしたとき、最高級の
納豆に通じる香りを感じたとすれば、納豆が好き
な人にとっては、これはいい！　となるでしょう
が、納豆に慣れていない人間であれば「臭くなっ
た！」と転げ回るでしょうし、私も納豆は安物の
方に慣れ親しんでいるので、高級品の納豆に近
い味になっても良い顔は出来ないでしょう。

美味しさというのはこのように経験にも大きく左右されます。日本のお茶はうまみを持っているのが特徴ですが、世界には日本茶（煎茶）のようにぬるくしてうま味を楽しむというようなお茶はほぼありません。ですので、海外で日本茶を飲ませてもよほど日本文化に理解のある人達を除けば、怪訝な顔をされ、魚臭いとかほうれん草のゆで汁の味などといわれてしまう場合があります。

● ペアリングは味の組み合わせと、 テクスチャーの組み合わせがある

ペアリングでは、甘みの強いお菓子に渋いお茶や苦いコーヒー、というのが一般的です。私の6歳の娘も、まだ緑茶は苦いと言って飲めませんが、羊羹を食べた後なら美味しい、と言って飲み干します。甘い物ばかりだと飽きてしまう場面でも、コーヒーやお茶ですっきりと食べられるという場面は誰しも簡単に想像出来るでしょう。

こういった例はペアリングの一番初歩的な例ですが、魚料理に白ワイン、とか、ステーキに紅茶とカシスのカクテル、というようになってくると少し難解のように感じます。

しかし、よく考えると難しい事では無く、このようなケースは近い物同士を合わせている、という考え方になります。

牛肉と紅茶が似ている、というのはどういうことか？

詳しくは17ページからのテクスチャマッピングの項で解説致します。

味のペアリング

● 五味の相性

渋いものに甘いもの、というような考えは、香りというより、五味を基本にした至極単純なペアリングにおける基本の考えです。

もちろん、濃度や相性が関わってくるので一様に言えませんが、私がよく使う五味の簡単な相関関係を下記に記します。

うま味×うま味	＝引き立てる
うま味×塩味	＝引き立てる
苦み×苦み	＝コクに感じる
渋み×苦み	＝雑味に感じる
酸味×渋み	＝さらに渋くなる
渋み×渋み	＝さらに渋くなる
渋み×うま味	＝コクに感じるが雑に感じる事も多い
苦み×うま味	＝コクに感じる
酸味×甘み	＝中和する
辛み×渋み	＝さらに痛くなる

この中で、紅茶が主に持っているのは渋みと苦みです。ただ、香りの影響を強く受け、蜜のような香りをもつ紅茶は、味も甘く感じます。渋みや苦みは誤解されやすいですが、甘みを引き立てる事は無く、相殺になります。

● 苦みは味覚、渋みは感覚

重要なポイントとして、渋みはあくまで味覚ではないということ。感知しているのは三叉神経、つまり触られたりするのと同じ感覚です。渋みの強い紅茶を飲むと喉や頬の裏側がざらざら

してまた水を飲みたくなってしまうのは、この ことが原因と思われます。

　辛みもまた痛覚です。子供が口の中を怪我す ると辛い感じがする、と言ったりします。

　渋みと苦みは感覚的に似ていて、同じ紅茶を ある人は渋い、ある人は苦い、と表現することが あります。基本的に紅茶の場合苦みの強いもの は渋みも強いのでさらにわかりにくくなります。

　近いタイプの苦み同士を合わせると先ほど解 説したように、脳は「様々なものが入った栄養豊 富なもの」と判断して美味しいと感じます。渋み と渋み、辛みと渋み、などは味ではなく痛覚です ので、怪我したところを触られると余計痛くな るように、重ねても良い効果はありません。渋い ものと苦いものも、複雑ですが、人間にとっては 危険なものと感じるようで良い相性は作りにく いです。

　渋みは少ないけど苦みは多い、そのような紅 茶を見つけたら、様々な苦み(焦げ、チョコ、魚の 内臓など)に合わせて試してみると面白いでしょ う。

コラム　タンニン分とペアリング

　一般的な紅茶はミルクティーに合う、と 言いますが、フレッシュで緑色のダージ リンをミルクティーにしないのは何故で しょう？　紅茶は重合タンニンと呼ばれ る成分が多く、重みを感じる渋みを持っ ています。タンニンとは、植物の中に含ま れる渋みを持った栄養素の総称で、お茶 の場合はカテキン類が主となります。こ れが発酵の過程で酸化重合し、つまりカ テキン同士がくっついて大きい分子にな ることで色が赤く、ピリピリした渋みか

らどっしりした渋みに変わっていきます。

　ワインの話をするときに、赤ワインの 方はタンニン分が多いので脂肪分に合う、 という話を聞くでしょうが、タンニンに も色んな種類があって、カテキンももち ろんタンニンの中のひとつです。タンニ ンの多い＝渋い緑茶が肉料理に合うかと 言われれば必ずしもそうでは無いように、 タンニンの質や料理の内容によってペア リングは変わってきます。ひとまずは、赤 みや黒みの強い紅茶はタンニンの分子が 大きい→味も重い。と思って頂いて大丈 夫です。色が浅く、オレンジ色や薄い黄金 色、緑に近いものはタンニンが小さい→ 味も鋭い。となります。

　渋みの量、ではなく、渋みの質が大事に なってきます。もう一つ大事なのは、味と して感じる渋みの強い、弱い、よりも、そ のお茶そのものに含まれる渋み成分が多 いかどうかも非常に重要ということ、味 として感じなくても渋み成分自体は沢山 含まれている、というお茶もあります。

　一般的に和紅茶はタンニンが海外紅茶 に比べて少ない、と言われることも多い のですが、べにふうきなどのように、紅茶 用の品種を使った物はダージリンなどよ りもタンニンが多くなる場合もあります。

　渋みは淹れ方で調整が出来ますが、や はり品種などによる、元々その葉にどれく らいタンニンが含まれているか？　は重 要な情報になります。一般的にやぶきた などの緑茶用の品種はタンニンが少なく、 べにふうきなどの紅茶用品種はタンニン が多くなります。

では、タンニンの少ない品種を濃く、逆にタンニンの多い品種を使った紅茶を、薄く淹れた場合どうなるでしょう？　確かに一見タンニンの量は同じくらいになったようでも、やはりタンニンの多い品種の方が肉やクリーム分などの重みのある料理に合うようです。

　これは恐らく、発酵の元になるカテキン自体の性質に関係しているようです。数種類のカテキンがお茶には含まれていると言われていますが、それぞれに渋みだけを感じたり、苦みを強く感じたりと違いがあるようです。

　ですので、元々肉やクリーム分に合わないすっきりした紅茶を、茶葉を増やし、煮詰めて無理矢理濃く淹れたとしても、やはり相性は良くなりません。同じように、ミルクティーに向かないと言われているすっきりした紅茶を、どれだけ濃く淹れても美味しいミルクティーにはなりません。

第 2 章

テクスチャマッピングとその考え方
── 食べ物と飲み物の近い、近くない、とは何か？──

　下記の図は、私が作ったもので、テクスチャマッピングと呼んでいます。紅茶や食べ物の味、香り、その他の様々な要素を自然界の流れで表したものです。

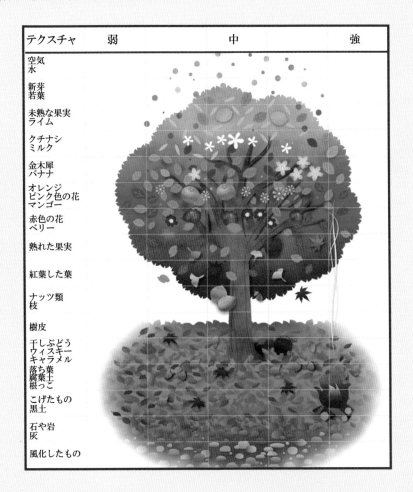

テクスチャ	弱	中	強
空気 水			
新芽 若葉			
未熟な果実 ライム			
クチナシ ミルク			
金木犀 バナナ			
オレンジ ピンク色の花 マンゴー			
赤色の花 ベリー			
熟れた果実			
紅葉した葉			
ナッツ類 枝			
樹皮			
干しぶどう ウィスキー キャラメル 落ち葉土 腐葉 根っこ			
こげたもの 黒土			
石や岩 灰			
風化したもの			

・図の上の方を天、下の方を地と考えます。
・同じ素材の場合、時間の経ったもの、熱が入ったもの、すべては基本的に地の方に向かっていく。
　色も濃くなっていく場合が多い。そして、基本的に単体では天に戻ることはない。例外は精製、脱穀など。

テクスチャマッピングの見方

　まずは、自分が食べたいもの、飲みたいお茶がどのような位置にあるか、考えてみましょう。皆さんに馴染みのあるお茶で例えて詳しく説明していきます。

● 緑茶

　採れたての葉に熱を加え、すぐに発酵を止めて緑を残した緑茶は青くフレッシュな若葉の香りを持っています。青のりや草原の香りに例えられます。

緑茶

● 烏龍茶

　一般的に半発酵茶と呼ばれる烏龍は、通常は萎凋（イチョウ）という工程を経て、少し酸化発酵が進んだ状態で火を入れ、発酵を止め、その後揉んで製茶していきます。香りは金木犀やクチナシに例えられます。

　※台湾などで飲まれる花のような香りのするタイプの烏龍茶を例として話しています。

烏龍茶

● 紅茶

　萎凋の後、火を入れずにさらに葉を揉むことでお茶の葉は急速に酸化発酵し、紅茶になっていきます。いわば、紅茶は急速に枯葉に近づいているとも言えます。紅茶はバラや熟した果実、葉巻や枯葉の香りにも例えられます。

紅茶

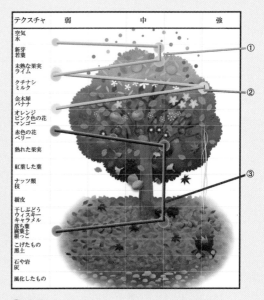

①緑茶
②烏龍茶
③紅茶

● その他のお茶（焙じ茶・プーアル茶）

　浅煎りの焙じ茶は花やかな香りを持ち、深煎りすれば落ち葉を集めてやった焚き火のような香りになっていきます。焙煎の浅いものは香ばしさの中に若い緑の香りが残っていたり花の香

りがします。焙煎が深くなるとチョコやキャラメルの香りにもなりますが、失敗してやり過ぎると焦げて灰になってしまいます。

　緑茶を長期に熟成、もしくは微生物の力で強く発酵させた後発酵茶と言われるお茶、一般的にいうプーアル茶は上質な物は土のような濃い色になり、餅米やドライフルーツに例えられる甘みを持ちます。

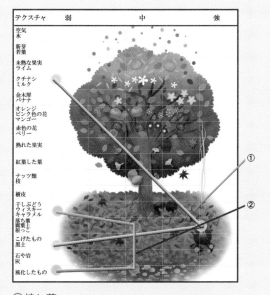

①焙じ茶
②プーアル茶

　つまり、同じお茶でも熟成や発酵、火入れなどによって香りや味わいが変化していくという事です。

● お茶以外の素材への転用

　これは他の素材でも同じ事が言えるでしょう。

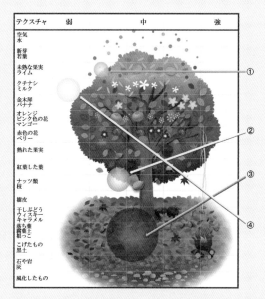

①エンドウ豆
②大豆
③納豆、味噌、醤油など
④豆腐

大豆(エンドウ豆)を例にしてみます。
1 採れたてのエンドウ豆を食べれば柔らかな青み若干の渋み
2 エンドウ豆が熟して大豆になれば青さは無くなり、ナッツ系のほっこりした香りとうま味を感じる
3 大豆を発酵させた納豆・味噌・醤油
4 水にさらして渋や皮を取った豆腐は、大豆よりも少し若返った感じがします

　時間や熱が加わって素材がフレッシュから熟成していく過程、それを、自然界の流れで理解するのがテクスチャマッピングです。新芽から葉が大きくなり、花が咲き、花が枯れ、果実が熟し、枯れて土に落ちて腐敗し土に還る。そんな流れ

を頭に浮かべてみるといいでしょう。

飲料をもう少し詳しく テクスチャ化してみる

　単純に紅茶が紅葉した木々のような味わい、とは言っても、紅茶に慣れて味と香りを分析出来るようになると、その中に花の香りや、わずかな若葉の香り、チョコのような香りなど様々なものが隠れているのが分かります。

　コーヒーに慣れた人はコーヒーの焙煎の香りの中にオレンジの爽やかさ、ベリーの甘酸っぱさ、完熟フルーツの芳醇さなど、豆の種類や焙煎によって様々な要素を感じ取ります。それはワインであれ日本酒であれ、チョコやキャラメルでも同じです。

　本来は和紅茶を使いたいのですが、ひとまず多くの人が頭の中で再現出来るように、今私の手元にあるアッサムと、ダージリンのシングルエステート（単一茶園で作られたもの）を試しに心のままに図にしてみます（次頁）。もちろん茶園によって香味は変わるので皆さんの手元にあるものとは多少違いが出ると思いますが、日本に通常入ってくる海外の産地ものは、ある程度個性が統一されていますので、全く違う感じになることも無いでしょう。

　私としては和紅茶を使うべきでしょうが、和紅茶の場合はバリエーションが多彩すぎて例として一般論を語るのに向いていません。

● アッサム

　ではまずアッサムを飲んでみます。

　フレッシュさや華やかさはありませんが、かすかにローズやスミレのような濃厚な花の香りがします。りんご飴のような香りも感じますし、メープルシロップなどの蜜のような甘さ、それとオークの家具を思わせるどっしりした木質感が中心としてまとまっています。

　アッサムにチョコを合わせる人も多いですが、納得です。

　このように、嗜好飲料は沢山の要素を持ち合わせています。それこそが世界中で茶やコーヒー、お酒などが愛されている証拠なのでしょう。

● ダージリン

　ではダージリンの方を見てみましょう。

　グリーンなイメージのダージリンですが、ナッツのような香ばしさもありながら、樹の幹のような芯のある渋みと程よい熟成感もあります。黄色いお花の香りを感じますが、熟したフルーツのようでもあります。こうして見るとさすが紅茶の王様と言われるだけあって、多彩な要素がそれぞれ強く出ています。

　ピークは樹の幹部分の硬い感じ。もしくは黄色い花の部分でしょうか？　少し火入れが強いタイプのダージリンなのでこうなったのでしょう。樹の幹部分に合わせたらやはりシナモンやナッツ類とも合いそうですが、ここはせっかくのダージリンですので、黄色や白の花の部分に合わせてその部分にさらにスポットが当たるようにしてみましょう。

　ジンジャーもいいですが、あまり辛みが強いとダージリンの渋みがきつく感じてしまいます。スイーツならベイクドチーズケーキも良さそうです。

より花の感じを楽しみたければカッテージチーズに蜂蜜をかける「ざるチーズ」、料理なら少し薄めに淹れてカルボナーラとかよさそうですね。

気がつくと、黄色のものを選んでいます。当然すべての素材がそうではありませんが、色というのはその素材の性質を知るヒントになり、実際に共通する成分を持っている場合が多いです。人間の視覚から入るイメージもあるでしょう。それも食事のシーンでは非常に重要な要素です。

レモンなどのフレッシュでは無い、落ち着いた黄色のものを考えてみましょう。黄色……黄色……たくあん?

たくあんとダージリン。少し薄めに淹れれば合うかもしれません。しかし考えたらたくあんの黄色は後から付けた色ですね。やはりチーズ系が合いそうです。ダージリンとチーズのスイーツは昔から定番的にペアリングされてきました。スイートポテトも黄色のイメージです。さつま芋にはリナロール(ジャスミンなどの花の香り成分。ダージリンにも多く含まれる)が含まれ、ダージリンの花香を引き立ててくれるでしょうし、芋は焦げた香りとも相性が良いので、もう一つのピークである樹の部分とも反発しないでしょう。クリーミーで爽やかなスイートポテトなら今回のダージリン、どっしり焼きあげた濃厚なスイートポテトならアッサムと合いそうです。

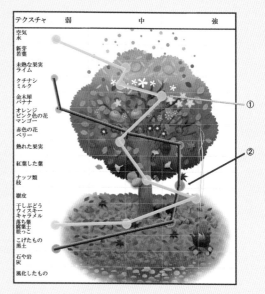

①ダージリン
②アッサム

近い性質、とは何か?

ここで食べ物の性質が近い、遠い、という話になります。肉や魚の場合は、植物のように、新芽や果実というのはありませんが、大きい動物、動きの多い動物ほど下に位置すると考えて下さい。そして、色も近いものに似ていると考えて下さい。つまり、白身魚や鶏肉は白や薄い黄色に近いもの、赤身のものは赤い果実や熟成度に近い性質があると見なします。

この近い、というのは一体何が近いのでしょう?　化学的に調べれば、この似たもの同士には共通の香りの分子が含まれていたり、成分が似ていたり、という事があるようです。ただ、当然化学的に不明な部分も多くあると思いますし、同じ構造の香気成分や分子が発見されたところで、単なる偶然という事もあるでしょう。

従って、化学的な根拠は補助的な知識にしかなりません。が、料理人やソムリエといった香味に関わる仕事をしている人間ならば、同じようなイメージを皆もっているはずです。

白身魚にフレッシュなハーブとオリーブオイル、豚肉は生姜焼き、牛肉に赤ワインを煮詰めたソースが一般的な理由は、それぞれが近い性質をもつため、それを合わせることで香りと美味しさの相乗効果が起こるためです。素材の性質を頭に浮かべることができると、ワインやお茶を合わせるのが容易になります。

フレッシュな白身魚に合わせるワインがあるとします。同じ白身魚でも焼いたり、バターやチーズを使ったりすれば、白から黄色の方の性質に移動していきます。その場合、ワインも少し樽で寝かせたワインや、果皮の部分が入ったオレンジワインなどに変更するはずです。

これは、白身魚の性質が火の力で地の方に近づいた為、同じワインもフレッシュなワインからより地に近いものに近づけるという事です。

● テクスチャマッピングを見ながら
　ペアリングを考える

1 まず素材のテクスチャを考える
2 お茶のテクスチャを頭に浮かべる
3 2つのテクスチャを比べたとき、頂点が近く、緩やかなラインを描くようにする
4 離れたもの同士で、つなぐものがないとそれは別々のものとして感知され、一体感を感じない（口の中で喧嘩している、全く別物の感じ、とか表現されることが多いです）
5 口の中をさっぱりさせたいときは少し地の方のものを合わせる
6 少し香りや味を引き上げたい時はテクスチャ的に天の方のものを合わせる
7 調味量で調整する

8 つなぎの要素を活用する

時間、熱、発酵、といった要素で全ての食品は上の「天」から下の「地」の要素に変化していきます。例外は一部あるでしょう。

よくタンニンの多い物は何に合う、というような理論を聞きます。ワインの場合はもちろんそうなのでしょうが、お茶で言えば、緑茶も烏龍茶も、ダージリンのように浅いフレッシュな発酵の紅茶も、アッサムのように深い発酵の紅茶も同様にタンニンは持っており、どちらが多いとは言えません。大事なのは、タンニンの量、ではなく、タンニンの質、の問題です。

これはタンニン＝渋みだけの問題ではなく、甘みや酸味と言った他の要素も同様で、若葉が持つ酸味、レモンが持つ酸味、発酵物が持つ酸味、どれも同じように扱うことは難しいです。その酸味がどのような質の酸味であるか？　がペアリングの場合は重要になり、その場合このテクスチャマッピングが役に立ちます。化学物質の名前を覚えるより、この図のように自然界での位置をイメージした方がよりその素材の本質に近づけます。

先ほどの代表的な紅茶のテクスチャマッピングで考えてみましょう。アッサム（P21）をみると頂点部分であるピークが二つあることに気がつきます。一つは熟した果実やナッツに近い部分。もう一つは樹の幹、地に落ちているやや熟れすぎたくらいの果実の部分。

ここがこのアッサムの大きな特徴と考えれば、これに近い要素を持ったものを合わせてみるといいでしょう。

熟した果実やナッツと言うなら、ドライフルーツの入った（もしくはその要素を強く感じる）チョコレート。焼きたてのスコーンにクロッテッド

クリームとベリーのジャムも良さそうです。

　樹の幹、落ち葉、過熟のフルーツの部分と考えるなら、シナモンやクローブ、それにドライフルーツが入ったシュトーレンなど美味しそうです。

　赤ワインを煮詰めて作ったソースのかかっている牛肉のステーキなども美味しそうですね。牛肉は焼くことで、ワインやジャムなどは発酵工程や加熱の工程で地の方に近づいていきます。

● 熱は素材を地に近づける

　食べ物に熱を加えるとメイラード反応と言われる現象で甘い香りがしたり、香ばしい香りが漂います。

　また、色も焦げ目のついた茶色になり、新鮮な香りは抜け、水分が減ることで食感も変化します。

　熱は食べ物に多様な変化を与えますが、基本的にものが焼けて灰になって土に還っていくように、テクスチャ的に地の方に近づきます。数秒だけお湯にくぐらせたり、一部だけあぶる、瞬間的な燻製など、調理によっては香りの要素が少しだけ若返り、引き立つような効果が出る場合もあります。

　熱が加わる温度が高く、時間が長いほど、地に向かい、それ自体が持つ要素も複雑化して範囲が広くなります。

　地面に落ちた果実が段々形がなくなり、地面の一部となって広がっていくイメージです。

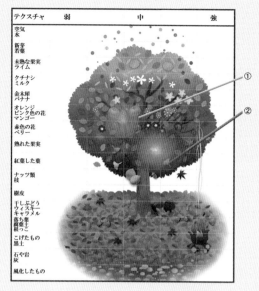

①いちご
②いちごジャム

コラム　素材の中にも色々ある

　いちごは下の部分は糖度が高いので、下の方から食べた方が美味しい、という人がいます。逆にヘタに近い方は香りが高いのでヘタの近くから食べた方が香り良く、後半甘くなって美味しい、という人もいます。

　ある時依頼がありまして、スペインのお菓子、カタラーナと和紅茶のペアリングを試していました。その中の1つにピスタチオのカタラーナがありました。

　ピスタチオは色が緑であることから想像出来るように、個性的なフレッシュ感を伴う香りと、やはりナッツですのでナッツ系が持つ香ばしい香りの両方を持っています。

プリンの原型といわれるお菓子、カタラーナ
写真提供　カタラーナ専門店　AMARILLO

これに清廉タイプである佐賀県伊万里産の紅茶を合わせると、グリーンの部分を引き出し、フレッシュな香りが広がりました。逆に、望蘭タイプの重い香りを持つ南薩摩紅茶を合わせると、グリーンの部分は消え去り、ナッツと焦がした砂糖の部分の香りと調和し、味と香りは一緒にスッと消えていきました。

香りが広がる伊万里、調和して余韻をリセットする南薩摩、はたしてどちらが良いか？　シェフの熊本さんが選んだのは伊万里の方でした。私も同感です。濃厚なお菓子でしたが、甘さや脂肪分がくどく感じない温度、大きさも含めたバランスでしたので、無理にリセットするよりもピスタチオの余韻を膨らませた方が、充実感が増します。もし、このお菓子がもっと大きい、あるいはもう少し砂糖が多めのレシピであれば南薩摩の方が良かったでしょう。同じ味でも量が違えばペアリングも変わってくる。つまり、食事トータルでの満足感を考えてペアリングは構築していきます。

難しいことはなく、慣れてくれば最適なものを選べるようになります。

● ペアリングする時、少し天に近いものを合わせると香りが立つ。地に近いものを合わせると、溶け合って落ち着く

ここからがペアリングの難しいところになっていきます。一般的に食べ物にお茶を合わせたとき、飲み物の要素の方が少しだけ天に近いとまるで木々が枝を張り巡らせるように、香りを広げる傾向にあります。この広げる、というのは良くも悪くも、と言えます。魚に緑茶、まして温かい緑茶を合わせると魚の臭みが引き立ってしまいます。引き立たせたくない場合は、少し地の方に位置する飲み物を合わせると土に還っていくイメージで、落ち着いて消えていきます。これも、次の一口を楽しむ為には良いのですが、料理人としては余韻が消えて不本意なこともあるようです。

例えるならジビエ。野性的な肉の香りは、好き嫌いが分かれるところでしょう。猪の肉をシンプルに塩で焼いたと仮定した場合、テクスチャ的には右図の①のあたりと思われます。

そして、②と③はこれに合わせる紅茶のイメージです。

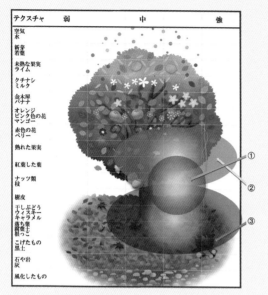

テクスチャ　　弱　　　中　　　強

空気
水
新芽
若葉
未熟な果実
ライム
クチナシ
ミルク
金木犀
バナナ
オレンジ
ピンク色の花
マンゴー
赤色の花
ベリー
熟れた果実
紅葉した葉
ナッツ類
枝
樹皮
土
しぼりどう
ウィスキー
薔薇
落ち葉
根っこ
こげたもの
黒土
石や岩
灰
風化したもの

①②③

①塩で焼いた猪肉
②香りを引き立てる
③香りを相殺する

ワイン好きの人なら赤のシラーなどを合わせるのでしょうか？　私なら発酵が高めの和紅茶を渋みが出ないように淹れたものか、発酵と焙煎が高めの烏龍茶を合わせたいと思うでしょう。あまり獣臭いのは好きではありません。しかし、発酵が中間くらいの和紅茶や、青みを残した花やかな香りの烏龍茶、ダージリンタイプの和紅茶を合わせると、ジビエの独特の香りが引き立ってしまいます。ジビエ好きからすれば、野趣がさらに広がり、ジビエの香りに花や草木の香りが加わったことで野性の生き物たちが自由に暮らす山を散策している記憶が蘇り、清々しい気持ちになるかもしれません。私の場合は、想像しながら、今この文章を打っている時点で少し気分が悪くなってきました。生の肉や卵があまり得意でない私は、ジビエの香りを紅茶のさらに熟した香りで大地のイメージに変えてしまいたいようです。

そういえばソムリエさんから聞いた事があるのですが、山羊のチーズには白ワインを合わせ、

牧草の香りになるのが良いペアリングと言われているそうです。山羊が飼われ、新鮮な牧草を食べながらすくすくと育っている風景が頭に浮かぶのが理想なのだそうです。私だったらチーズが藁っぽい香りになってしまったな、と思って残念がることでしょう。

このように、香りを引き立てるか、溶け合わせるか、は単に善し悪しではなく、その人の好みやペアリングの意図に関わってきますので、合わせるだけでなく、合わせる事でどういう世界をイメージして欲しいか？　という世界観を作り上げる作業になります。

先ほどの例で言えば、山羊のチーズに緑のフレッシュな要素のものを合わせ、「このチーズの後に、これを飲むと山羊達のいる牧場の風景が広がります」と言われれば、確かにハイジの世界が（それを体験したことが無い人でも）眼前に広がるでしょう。

しかし、何も説明がないと、私のように「山羊小屋に閉じ込められて腐った藁の上でふて寝しているみたい～」となってしまうかもしれません。

食事はイメージで感じ方が大きく変わります。世界の美食家達と言っても基本は同じで、絶対的な味覚の持ち主などほとんどいません。というより、そもそもそんなものは存在しません。特定の香りや味について敏感だったり鈍感だったりする個性があるだけです。

お茶のピークの香りを感じたら、それが何かを打ち消す事ができるのか、さらに強調するときに使えるのか、考えてみると面白いでしょう。

試しに、今私の手元にある和紅茶でやってみましょう。

とある地域の夏摘み紅茶。国内の紅茶コンテストで最高賞の5つ星を獲ったお茶です。私も大好きなお茶ですが、

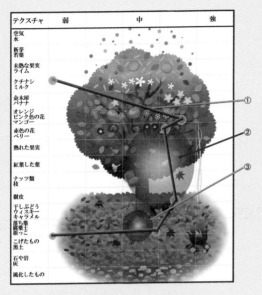

テクスチャ	弱	中	強
空気			
水			
新芽			
若葉			
未熟な果実			
ライム			
クチナシ			
ミルク			
金木犀			
バナナ			
オレンジ			
ピンク色の花			
マンゴー			
赤色の花			
ベリー			
熟れた果実			
紅葉した葉			
ナッツ類			
枝			
樹皮			
干しぶどう			
ウィスキー			
キャラメル			
こげたもの			
黒土			
石や岩			
灰			
風化したもの			

①和紅茶
②ブランデーケーキ
③大徳寺納豆

淹れてみるとこんな感じです。全体的に良く発酵が進み、熟したイメージで、蜜感が高いです。栗と蓮華草の蜂蜜を混ぜたような香りや、No.1ライトと呼ばれる、一番採りのフレッシュなメープルシロップのような香りも持っています。熟したナッツや落ち葉、樽で寝かせた古酒のような要素もあります。それぞれの要素が強く引き立っていて、いわゆるリッチな仕上がりです。

これで実験してみましょう。

普通なら干しぶどうの入ったブランデーケーキを私は合わせるでしょう。ブランデーは樽で寝かせている物が多く、干しぶどうも熟したフルーツです。ブランデーもぶどうから出来て発酵と熟成が進んでいるので、同じ香りの要素を持ちお互いを溶け合わせ膨らみながら静かに落ち着いていくでしょう。

では、さらにテクスチャ的に地に近い燻製肉、漬物はどうでしょう？ 大徳寺納豆を合わせてみます。

やはり、大徳寺納豆を食べ終わる頃にこの和紅茶を飲むと、香りがさらにもう一段階、ふわっと引き立ちます。強く発酵したものにこの落ち葉が混じったような感じ、漬物樽を開けた時の、発酵臭に外の空気や土間の香りが混じったイメージが私の中に沸きます。そんな記憶も、大徳寺納豆の香りも共に私は好きなので、嫌な感じはしません。

しかし、元々癖が強くて好き嫌いの分かれる食材ですから、嫌いな人はさらに苦手になってしまうでしょう。この腐葉土と枯葉の感じ。子供の頃、落とし穴を掘り、一番上に落ち葉を集めて蓋をしていた頃の記憶が蘇れば、心地良いかもしれません。落とされていた側の人なら古傷が痛むでしょうか？

このように、少しテクスチャが天に近い要素を合わせると香りが広がり、余韻が長くなります。それが良いことかどうかは好みやテーマによりますので、一概に言えません。同時に、地の方に合わせれば程よく香りは融合し落ち着いて行きますが、やはり、香りや余韻が無くなって行くことが心地よく感じる時もあれば寂しく感じることもあります。

大事なのは余韻を伸ばす、キレをよくする、の2通りを自分なりに考えながら使い分けられるようになること。そうすれば、ペアリングを考えるときにさらに楽しく、バリエーションが増えるでしょう。

肉、魚は色で
近いテクスチャを持つと考える

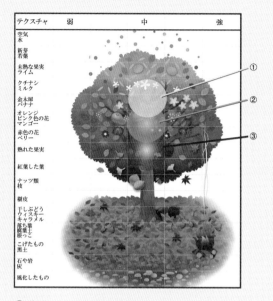

テクスチャ	弱	中	強
空気			
水			
新芽			
若葉			
未熟な果実			
ライム			
クチナシ			
ミルク			
金木犀			
バナナ			
オレンジ			
ピンク色の花			
マンゴー			
赤色の花			
ベリー			
熟れた果実			
紅葉した葉			
ナッツ類			
枝			
樹皮			
干しぶどう			
ウィスキー			
キャラメル			
落葉			
腐葉土			
根っこ			
こけたもの			
黒土			
石や岩			
灰			
風化したもの			

①鶏肉
②豚肉
③牛肉

　肉や魚も、色である程度イメージが付けられます。新鮮なものから時間をおいて熟成が進んでいくと、少しずつ地の方に下がっていきます。

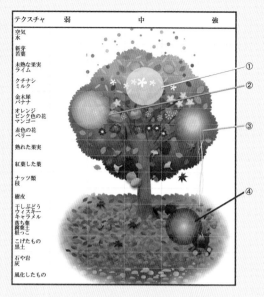

テクスチャ	弱	中	強
空気			
水			
新芽			
若葉			
未熟な果実			
ライム			
クチナシ			
ミルク			
金木犀			
バナナ			
オレンジ			
ピンク色の花			
マンゴー			
赤色の花			
ベリー			
熟れた果実			
紅葉した葉			
ナッツ類			
枝			
樹皮			
干しぶどう			
ウィスキー			
キャラメル			
落葉			
腐葉土			
根っこ			
こけたもの			
黒土			
石や岩			
灰			
風化したもの			

①新鮮な鯛
②鮮度の落ちた鯛
③塩焼きの鶏肉
④醤油ダレで焼いた鶏肉

　新鮮な鯛であれば、白から黄色の花のイメージのワインやお茶はよく合います。しかし、同じお茶を鮮度の落ちた鯛に合わせると魚臭みが際立って気持ち悪くなります。お茶を変える手もありますが、醤油からしょうが醤油に変え、少し多めに付けることで合わせる事が出来ます。

素材だけでなく、料理全体で捉える

　鯛の例のように、料理は様々な要素で成り立っています。同じ素材でも、付ける調味料、付け合わせでペアリングは変わりますので、単に牛肉ならこれ、と単純にいう事は出来ません。

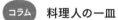
コラム　料理人の一皿

　以前、和食のフルコースを味わいながら、

それぞれの料理に私が即興でそれに合う和紅茶を出しながらペアリングについて語るイベントを大阪で開いて頂きました。即興でメニューを見ながらお茶を出しますので、実際食べてみたら合わないなぁ、とか、何を合わせて良いかわからず四苦八苦したりして、即興としての臨場感があって楽しかったのですが、その中で私にとって印象深かった料理が1つ。それは途中で出てきた鴨肉の煮物でした。私はそれを見たとき、鴨肉を煮た物だから、少し臭みがあるだろう、その鴨肉の癖を程よくリセット出来るように、と鹿児島県の望蘭タイプの和紅茶を少し薄めに出しました。

しかし、出てきた料理には熱々の鴨肉の上にたっぷりの新鮮なサラダ玉ねぎのスライスが盛り付けられていたのです。

そう、コラボしたシェフは鴨肉の癖をすでに中和出来るよう、工夫していたのです。シャキシャキしたフレッシュな玉ねぎと一緒に食べる鴨肉は、噛むほどに癖が和らぎ、飲み込む時はすでに口の中はさっぱりしていました。そこに発酵が強く主張のある紅茶はすでに邪魔物。玉ねぎの辛みを強調し、後味を悪くする作用に変わってしまいました。

優れた料理人は、一皿の中にそれぞれ意味を持たせます。肉の横にある野菜、その野菜にかかっているドレッシング、ただ単に色つけや雰囲気で置いている訳ではなく、肉や魚を食べて、付け合わせを一緒に食べると臭みが消えたり、香りを引き立てるように仕掛けが施されています。正直、料理を作っている人間はそのレス

トランのソムリエを信用していないのでは？と思うくらいです。

作り手は作り手なりの考えがあって一皿を完成させています。お皿の横に何気なく添えられている一品に、どんな想いが込められているか？　そんな事を考えながら一皿を眺めてみるのも面白く、ペアリングのヒントも隠れていることでしょう。

● 繋ぐ効果のあるもの

多少食べ物と飲み物の相性が離れていても、それを繋いでくれる役目を持っている素材があります。バニラ、ベルガモット、乳製品、シナモン、砂糖、油分などがそういった役目を持っているようです。

これらは生き物が本能的に喜ぶもの、あるいは経験として美味なものとして記憶されており、それがペアリングの際に我々の脳内に喜ばしいものと判断させる作用を持つようです。

また、塩や砂糖などは成分同士で結合したり浸透させたりする化学的な性質も持っています。

例えば、紅茶と合わせるとあまり美味しくないものも、ミルクティーにすると合うようになってきます。発酵が浅く、テクスチャマッピング的には天の方に近い性質を持つ和紅茶と、どっしりと重いチョコレートケーキのようなものはペアリングしてもほとんど一体感がなく紅茶が水っぽく感じてしまいますが、バニラアイスを添えると合わせやすくなります。

また、テクスチャ的に近くてもフレッシュフルーツとストレートの紅茶の様に、酸味や渋み、辛みなどが重なると刺激を感じてしまう場合が

あるので、その場合はフルーツの方に甘めのクリームを付けると相性が良くなります。

このように、料理と紅茶、お菓子と紅茶などを合わせたときに、少し違和感があるときは、どちらかに何かを少しトッピングすることでペアリングがぐっと洗練されます。

52ページで紹介する対馬の大石農園さんのべにふうき紅茶。アップルパイと合わせると紅茶の力強さがりんごの香りを台無しにしてしまう時がありますが、アップルパイにシナモンを少し振りかける、バターやカスタードクリームを上に乗せる、紅茶をミルクティーにする、といった工夫をどれか1つでも行うと、途端にぴったりと合う素晴らしいペアリングに変化しました。

この何かをちょっと加える、乗せてみる、という方法を覚えておくと日常の生活でペアリングを手軽に楽しむ事が出来ます。色々試してみると面白いでしょう。

● 五味はそれぞれにある
ただし性質は異なる

1 野菜の甘み
2 爽やかなフルーツの甘み
3 濃厚なフルーツの甘み
4 ナッツ、シナモンの甘み
5 黒糖、メープルシロップの甘み
6 チョコ、キャラメルの甘み

苦みにも、新芽の苦み、木やフルーツの苦み、チョコや焦げた物の苦みなど色んな種類がありますし、酸味もレモンやライムの酸味、黒酢やバルサミコ酢の酸味、漬物の酸味は変わってきます。

大事なのは、テクスチャマッピングのどこに苦みや渋み、甘みといった要素が多い、少ない、といった要素があるわけではない、という事です。マップの上の方にある葉やレモンのような爽快な甘みもあれば熟した果実のような甘みもあり、チョコや焼き芋などの甘みもあります。渋みも緑茶の渋みと紅茶の渋みは性質が変わってきます。

成分を分析すれば、それぞれ共通する物質、特有の物質が検出されるでしょうが、化学的な知識はあくまで補足的なものです。

もちろん、すべてのペアリングがこのマップで説明できるとも思えません。例外や当てはまらないようなことも沢山あるでしょう。

こちらのテクスチャマッピングは自由にダウンロードして使ってもらって構いません。下記のQRコードからダウンロードして、皆さんも色んな食材を考えてみませんか？

テクスチャマッピングに関する
様々な情報をアップしております。

 **ペアリングの善し悪しは好みや
経験によっても変わる**

ペアリングは人によっても変わってきます。ある時、知人のレストランでペアリングのイベントをしているときに、そのレストランのシェフがブルーチーズを出

してきました。

　これにあえて合わない物を出してみようと、私は静岡県川根の「みらい」という名の紅茶を出しました。みらいは、桜葉のような香りがする、フレッシュな紅茶なのですが、これを合わせると、ブルーチーズの香りがさらに広がり、独特のカビ臭がさらに際だち、いつまでも口の中に残ります。

　「さあ、どうですか？　合わないでしょう？　気持ち悪いですよね」とか言っていたら、そのレストランのシェフは「これは合う！　ばっちりじゃないですか！」と叫ぶのです。

　つまり、私はブルーチーズそのものがもとよりそんなに好きではないので、あんな臭い香りは一刻も早く消えてもらい、口の中をすっきりリセットしたいと思っていたのに対し、ブルーチーズが好きな人は（そもそも好きな人が注文するのでしょうが）その香りが好きなので、それがより引き立ち、長く余韻として残るのは大歓迎なのです。

　みらいはブルーチーズの香りを引き立て、余韻を深くする、という感覚は共通だったのですが、それが合う、合わないとなると結論は反対になってしまうのです。

　こんな事もありました。石川県に仕事で行ったときのこと、知人に連れられて海の近くの居酒屋さんでお酒を飲むことになりました。北陸の海の男達が集う場所なのでしょう。新鮮な海産物が楽しめるのですが、上品な和食というよりも地元の郷土料理のようなものがメインでした。塩よりも塩辛い、魚の肝の塩漬けなど

も出て面食らいましたが、おすすめと言って出されたのが海藻。よく海岸に生えていそうな、なんだか赤いコリコリしたものでした。そしてそれだけが大きいお皿に無造作に盛られています。カットもされてありませんし、調味料は何もついていません。食べるとほんのり塩味。きっと海水の味なのでしょう。そして、如何にも海藻らしい、海そのものの香りが広がりました。ようするに取ってきた海藻がそのまま盛られていたのです。

　「な、美味いだろう？」とお店の大将は自慢げで、周りも美味しい、美味しいと喜んでいます。正直、山育ちで海に耐性の少ない自分には理解不能な味でした。

　さらにそこに地元の日本酒を合わせます。海の新鮮な香り＝私からすれば磯臭い香りにうま味が加わり、アルコールの揮発性も相まって口の中から脳内まで一気に海一色になってしまいました。

　だめだ。濃い紅茶が欲しい……と思いましたが、そんなメニューは当然ありません。周りは喜んで競うように海藻を無造作に口に放り込んでいます。

　恐らく、地元の人達はその広がった海の香りで、子供の頃の楽しい思い出や、故郷への郷愁など、様々な風景が蘇るのでしょう。まさに海の男達が味わうペアリングと言えます。

　その時の私が思い出したことといえば「そういえば小学生の頃、将来の目標を聞かれて「特にありませんが海で溺れて死ぬのだけは嫌です」と言っていたなぁ」なんて事でした。

山育ちの自分の口は焙じ茶や紅茶で早く山に帰りたいなぁ、と思っているようです。磯の香りは緑茶でも引き立ちます。一般的には魚臭くなるので、お寿司と緑茶は合わない、と言いますが、これも新鮮な魚で、魚の香りが好き、良い思い出を経験してきた人であれば、高級な緑茶の水出しを合わせてより磯の香りを楽しめるかもしれません。何しろ日本の緑茶は海外では魚のような香り、と表現される事もあるそうですし、緑茶の香気成分ジメチルスルフィドは青のりの香りでもあります。

　海の香りとうま味を引き立てるペアリング、磯臭さをリセットするペアリング。どちらが優れたペアリングか？　それは楽しむ側、サービスする側の意図によるもので、どちらが優れたペアリングという訳ではありません。

　逆に言えば、料理にどのようなお酒やお茶を合わせてくるかで、その料理人の考えや好み、もっと言えばその人の出身や生き方さえもが分かるようになってくるのです。

・従って良いペアリングに絶対の法則というものは無い。

　料理や香りという世界は実に複雑ですし、ましてそこに好みや経験などが入ってくれば、料理やお茶単体以上に美味しさというものは複雑になってきます。そこに絶対の法則はありません。焼いた肉に紅茶が合う、といっても、どんな肉をどう焼いて、何を付けて、お茶はどんな紅茶を

どんな風に淹れてどんな人がどう飲むのか？　考え出せばキリはありません。ペアリングはお茶や食べ物を見て、こんな風に合わせてみたい、と頭に浮かぶもので、それを楽しんで頂きたいと思います。

・ペアリングは楽しむもの。ペアリングの好みが合わなかったとしても決して怒る事なかれ。

　ペアリングに慣れ親しんでくると、色んなお店でそれを楽しみたくなります。ただ、つい頭でっかちになってしまって
　「TVで○○に○○のワインが合うとか言ってたけど分かってないね」
　とか
　「有名店なのに○○に合わせて出てきた○○が全然合わなかったわ」
　などと批評してしまう時があります。私もついそんな事を思ったりしてしまうことがありますが、食事は楽しむものであって欲しいですし、前述のようにそのお店の主人にとっては、「食材のこの部分をより感じて欲しいな」といった想いが込められているのかもしれません。
　慣れてくれば、「なるほど、これを出してくるという事は、ここが一番料理人が楽しんで欲しいところなんだな」という風にサービス側の意図が分かってきますので、それを楽しんで欲しいと思います。
　ペアリングは楽しむもの。批判に使うものではない。この本で一番強く言いたいメッセージです。

ペアリングは味覚や嗅覚
だけではない付加価値が加わる

イギリスでのアフタヌーンティー

● ペアリングという「空間」が
作り出す味わい

　ここは私の個人的な話になります。私が和紅茶の専門店を開いて現在20年以上になりますが、和紅茶とはじめて出会ったとき、瞬間的に感じたのは「これはイギリスの紅茶でも中国の紅茶でもインドの紅茶でもない、日本の紅茶だ。この紅茶にスコーンやケーキを合わせても絶対に魅力は伝わらない」という事でした。そう、当時私がお店を始めたころは日本の紅茶と言えば、「香りも味も薄い、安物の烏龍茶と紅茶の中間みたいな薄くて品質の低い紅茶のようなもの」という評価でした。一般の人はもちろん、紅茶の専門家からもさんざんな評価をされることが普通で、当時和紅茶の可能性を感じていた人はごく一部の人だったようです。もちろん、それこそが私が和紅茶専門店をはじめるきっかけにもなったのですが、まだ私がトラック運転手をしながら紅茶に興味を持って遊んでいたころ、世界の色んな紅茶のシーンを本で読み、想像の中で楽しんでいた事が大きかったと思います。私が「紅茶と言えばイギリス」という固定観念にとらわれてしまっていたら、和紅茶の可能性に気がつくのは10年以上も後になってしまったでしょう。

　タンニンの少ない和紅茶の味はトルコや一部の中国紅茶に似ており、さほど違和感はありませんでした。また、タンニンの少ない紅茶はケーキやスコーンとのシーンには使いにくい代わりに、料理や和菓子に合わせやすいのも先達から聞いていました。

　和紅茶のペアリングはその土地の食材やお菓子を合わせる事で無限の可能性を秘めていました。和紅茶の可能性は誰も気がついていない。その時の興奮は今も覚えています。自己資金も経験もなく、トラック運転手から突然紅茶のお店を開いた私に、経営の設計図がパラパラと脳内に出来上がっていきました。全国を回り、紅茶の生産者を訪ね、それぞれの美味しいペアリングと楽しみ方を研究し発信する。車の中で寝泊まりしながら産地を求めて動き回っていたのが、その頃の懐かしい思い出です。

● 和紅茶の魅力を伝える為に……

　人間は視覚から入る情報であらかじめ香味を予想します。ワインのプロでも白ワインに赤い色を付けると赤ワインの要素を感じてしまうことがある、という話がありますが、それほど視覚を中心にした事前情報は人間が本能的に味や香りを判断する基準となっています。これは一般の人から飲食に関わるそれぞれのジャンルのプロ達も逃れられない本能です。その為にテイスター達は部屋の照明から制服、使う道具まで一定のルールに従って行います。

　紅茶がティーカップに注がれ、ケーキと一緒に出てくれば、誰しも今まで飲んだことのある紅茶の香りをイメージするでしょう。ダージリンやアッサム、セイロンティーなどです。

　そこに今まで飲んだことのない香味が入ってくると、脳の認識と感覚のずれが違和感となります。それが和紅茶の低評価に繋がっている、というのは間違いないことでした。

● ペアリングと誂えでイメージをリセットする

　そこで、私が最初に行ったのは、紅茶を飲む前に相手の脳を切り替えることでした。今からあなたはイギリス風紅茶を飲むのでは無い、全く新しい日本の風味の紅茶を飲むのです。じっく

り味わって下さい。。。それを言葉で伝えるのでは無く、本人の意識に、そして瞬間的に刻み込むのはペアリングという概念が一番でした。ペアリングやマリアージュという感覚を普段意識していない人だとしても、すでにすり込まれたイメージというものがあって、和菓子の横に紅茶があれば、いつもとは違う感覚で、改めてその中身を受け入れようとします。

　これは理屈では無く、人間の本能です。今まですり込まれてきた感覚と違う物があり、それを今から体験しようとするとき、人はまっさらな気持ちで受け入れようとするものです。

　和の器を使い、和菓子を添え、私も和装になり、座って飲んで頂くのです。歩いている人をつかまえての試飲はほとんどしないようにしました。

　はじめて和紅茶を飲む人、あるいは美味しい和紅茶に会ったことが無くて批判的な意見の人、そして同業者。様々な人に飲ませてきましたが、このスタイルにして和紅茶の批判をする人にほぼ出会わなくなりました。中には、

　「ようやく和紅茶の存在意義が分かった！」

　と喜んでくれた人もいました。和紅茶の味、香り、タンニンが持つ渋みの質、テロワール、理屈をすべてすっ飛ばし、舌で全てを理解して頂くのが一番早い。

　和紅茶を飲んでもらうのでは無く、和紅茶の世界を体験してもらう、それが私の和紅茶普及

活動のアプローチでした。

　さて、和紅茶と様々な食材とのペアリングを語りはじめると、そもそもなぜペアリングが必要なのか？　そもそもペアリングなどというものを考える必要があるのか？　という話が出てきてしまいます。

　私自身は当然、ペアリングは重要、と考える人間ですが、「ペアリングなんてどうでもいいじゃん！　お茶はお茶そのものが美味しい事が重要なんだよ」という意見もよく分かります。確かにお茶の本質はお茶そのものが美味しくあることが重要です。ただ、お茶の品質はどうあれ、お茶が世界の多くの人に様々なスタイルで楽しまれ、一般的な嗜好飲料として、生活必需品の1つとして、日常生活に馴染んだものであるからこそ、お茶の産業が生まれ、文化が生まれ、競争と研究が生まれ、至高の茶が生まれ、天才的な茶師が生まれて育まれてきたものであることは紛れもない事実でしょう。そして、その文化という土壌が育つには上級者初心者含めた裾野の広さが必要です。休日に気軽に草野球を楽しむ風土があってこそメジャーリーガー達も沢山育つのです。

　そして、お茶が文化として、文字通り日常茶飯事として生活に馴染んでいくには人々の暮らし、生活スタイルや毎日の食事と一貫性のあるものでなければなりません。

　ペアリングを通じてお茶を考えることで、今の我々にとって美味しいお茶とは、飽きずに毎日が楽しめるお茶というのはどういうものだろう？　という事を考える事が出来ます。

　少なくとも私はペアリングを通じてお茶が作られ、楽しまれ、あるいは飽きられていく背景を深く考えるようになりました。今の私があるのはペアリング、という概念を通じてお茶と人の関わりを見てきたことであることは間違いありません。

第 3 章

ペアリングの考え方とテクニック

　ペアリングは本来自由なもので、こうしなければならない、というルールがあるものではありません。
　ただ、誰が味わっても明らかに合わないペアリングで知らないうちに損をしている飲食店さんや、
ペアリングの事が良く分からない、という相談をしてくる飲食店のオーナーさん達が多いのも確か
です。

　この章ではペアリングについての基本的な考え方と組み立て方を紹介していきます。

実際にペアリングしてみよう

● 食べ物を見てみる

ペアリングやマリアージュに慣れてくると、合いそうな飲み物がすぐに目に浮かんできます。また、食べ物の見方が変わってくることも感じます。

例えばアップルタルトを見たときに、紅茶やコーヒーが合いそう！　と思うのは当然ですが、ペアリングを考えていくと、赤りんごか青リンゴか？　焦がしてあるか？　爽やかに仕上げてあるか？　シナモンやハーブを使っているか？それによってペアリングは大きく変わってきます。

単にアップルタルトと見ていた食べ物が、実に多くの要素で組み立てられていることに気がつくはずです。ケーキの上に何気なく添えられている緑のハーブにも、なぜそれが使われたのか、理解出来るようになってくるでしょう。作り手との無言の会話が進むようでそれだけでも楽しい行為です。

コラム　すき焼き店でのドルチェ

まだ私が学生の頃でした。東京の専門学校に入学した私は、同じく東京で就職して結婚していた姉にすき焼きの老舗のお店に連れて行ってもらいました。

東京のすき焼きは九州のものとは全く違うもので新鮮だったのですが、食後のデザートとして出てきたのが、洋梨を紅茶でコンポートしたものでした。

当時10代だった私は、
「ああ、美味しそうな洋梨がこんなにクタクタになって、黒ずんだ形で出てくるとは……洋梨はそのまま食べるのが一番美味しいものだろうに」
と内心嘆いていました。正直、すき焼きの味よりもそのデザートの方が鮮明に記憶に残っています。

今はそのデザートの意味がよく分かります。すき焼きの肉を食べた後に、デザートのフルーツを紅茶でコンポートすることにより、タンニン分が口の中の脂肪をすっきりさせ、紅茶の熟成感が加わることでお肉の余韻に違和感を覚えずに食べることが出来たのでしょう。

当時の私がテクスチャマッピングを頭に浮かべることが出来ていたら、その心使いに感銘を受ける事ができたでしょう。

デザート単体を見ればフレッシュの方が美味しいと今でも思っていますが、すき焼きに長い歴史を持つ老舗だからこそ食後もすき焼きの思い出を美味しいままに帰って頂きたいという料理人の心意気が感じられました。

なぜか私の記憶に長く残っていた紅茶のコンポートが、時を経て、顔も見ていない料理人の思いやりを気づかせてくれました。

● 紅茶を見てみる

紅茶の方も、単に紅茶、から渋い紅茶、色の濃い紅茶、という簡単な分け方から、爽やかで若葉のような紅茶、発酵が進んでカカオのような香ばしさのある紅茶、というような分け方が出来

るようになり、さらには「余韻の長さと複雑な感じがマンゴーを思わせる」とか、「若葉のような苦みでは無く、柑橘の皮、それもかぼすなどの和の柑橘のような苦みがある」など、五味や香りすべてを立体的なイメージで捉えるようになります。

● 近い物を探す

先述したように、ペアリングには近い物同士を合わせる場合と正反対のものを合わせる考えがありますが、甘いから苦い物、といった単純な五味でのペアリングから一歩先のペアリングを学びたい場合は、近い物を探ることから始めた方が入りやすいです。

例えばレモン系のスイーツや野菜サラダ、ミントなどの緑のものやフレッシュなものに、発酵のしっかり進んだ紅茶やコーヒーなどを合わせるのは、難しい場合が多いです。カカオを使った物や火がしっかり通った焼き菓子、ジャムなどの煮詰めたフルーツが一般的な紅茶には合わせやすいでしょう。

素材を見たとき、それぞれがテクスチャマッピングを参考にどの辺にあるか？　と考えながら近い物を探してみると、ペアリングが一気に分かりやすくなると思います。

● 調味料と付け合わせで整える

料理は様々です。同じ素材が料理人達の腕で千変万化します。とんかつやハンバーグなどの肉料理には紅茶が合う、脂っこさを紅茶がすっきりさせる、という話は良く聞くのですが、例えばおろしとんかつのように、すでに大根おろしがさっぱり感を出してくれている時もあります。肉料理の横に添えてある野菜達も、それを食べることでソースや肉の味わいを補い、次の一口

が美味しくなる工夫を一流の料理人は考えて一皿を完成させていきます。

タンニンの強い紅茶で脂感を無くそうとしても、すでにそのようにさっぱりさせる工夫がされていると、紅茶が渋く感じてしまい、かえって邪魔になってしまうことがあります。

料理を見るときは単にハンバーグ、ではなく、それがジャポネソースかトマトソースか、おろしポン酢なのかを見て全体を捉えるといいでしょう。

● 間に挟む

アルコールを含んだ物、辛い物、酸っぱい物、アイスなどの冷たい物などはペアリングが難しくなります。飲み物と合わせると刺激になってしまう場合が多いのです。

そこで、直接ではなく、一旦別の物を食べる、という手があります。

例えば私はパフェを食べながら紅茶を飲む時、アイスの部分を食べてすぐに熱々の紅茶を飲むと、冷えた口の中と紅茶の温度差がありすぎて舌が麻痺したような感じになり、紅茶の味を感じなくなってしまいます。そこでアイスの部分に刺さっているクッキーなどの焼き菓子を少し食べてから紅茶を飲むとその刺激が感じにくくなり、紅茶の味もしっかり楽しめます。

辛いカレーと一緒に甘くないアイスティーを注文した時なども辛み×渋みで刺激に感じたり、油分が凝固して不快になることがありますが、アイスティーを飲む前に常温のお水を少し口に含むだけで、そういった不快な感じは随分軽減されます。

私の知ってるインドカレー屋さんでは、カレーとナンを食べる時にナンにつけるための手作り

マーマレードを添えてくれるのですが、辛いカレーの後に少しだけマーマレードを口に含み、それから温かい紅茶を飲むと、非常にさっぱりして美味しいペアリングになります。私の密かな楽しみとして、いつもこっそりと味わっているやり方です。

● 変化させてみる

テクスチャマッピングで、近いもの同士を合わせた場合、感覚的に1つの食べ物の印象に変わります。テクスチャ的に離れていれば、それはそれぞれ別のものと認識します。

例えば、ぶどうのような印象をもつ食べ物を食べたとします。そこにうまく青リンゴのような印象の飲み物を合わせてあげると、ぶどうが若返ったイメージになって、マスカットのような香りになります。

逆に、桃やりんごのような赤みを感じる要素を持ってきてあげると、巨峰のような印象に変化します。

ワインの世界ではマリアージュと呼ばれるこの変化は、実際に私も紅茶のブレンドやペアリングの際に使っているテクニックです。ただ、これも絶対の法則があるわけではありません。バリエーションは無限にありますので、皆さんのイメージをどんどん膨らませてみてください。

> **コラム** **最適な濃度**
>
> ペアリングにおいて、味の濃さは重要です。濃さと発酵度などの味のボリュームは違う物ということは確かな事実で、同じ条件で淹れた時に軽やかな印象を受ける紅茶を、どれだけ濃く淹れても重みの

ある味にはなりにくく、逆にボディを強く感じ、ステーキに合わせたくなるような紅茶であれば、通常通り淹れた紅茶を水やお湯で2倍に薄めてもやはりステーキが欲しくなる味になります。

私の恩人で紅茶研究家の磯淵猛さんがインドで教えてくれた方法が、紅茶をポットから注いだ後、少し茶葉に染みているような状態で残っている紅茶、いわゆるゴールデンドロップをお冷やに少しだけ加えます。濃いけど量としては数滴に過ぎないので、お冷やの温度を上げることも無く、色もほんのりしか変わらない。いってみればちょっと紅茶の香りがするお水、というような状態のものが出来ますが、これがカレーを食べながら非常に良く合う。カレーが何かの香りに変わったり相乗効果が起こることはないのですが、カレーを食べた後、劇的に口の中がさっぱりして次の一口を食べたくなる。お水だとお腹が水で膨らんだように感じたり、少し料理が薄まったように感じるのに。

物理的にタンニンが舌を刺激したり油分を取り除く効果は少しくらいはあるのでしょう。しかし、それ以上に紅茶の持つ何か他の要素が食事の展開を引き締まった、中身の濃いものに変えてくれるのは事実です。

なお、余談としてその時横にいたインド人ガイドさんが「去年、磯淵先生にこれを教えてもらってね。食事の時に飲むお水を紅茶にしたら1年で10キロ痩せたよ」とおっしゃっていました。元が何キロだったのかは不明ですが、ここでは紅茶のダイエット効果を検証する本では無いので

放っておきます。個人的にはむしろ食事量が増えて体重も増えるのでは？　とか思っていますが。

　あと、お酒を勉強しているとよく分かりますが、濃すぎると香りは感じにくくなる場合があります。私も、香りのいい和紅茶があると、つい分かりやすくしようとして濃いめに出してしまうことがありますが、そうすると不思議なもので、逆に香りが分かりにくくなってしまう場合があります。

　別の様々な香りが出てしまって相対的に分かりにくくなった、あるいは渋みが香りを感じにくくしてしまう、そんな事が理由かもしれません。

　また、香気成分によっては香りが濃いと感じにくくなったり、濃度によって印象が変わるものがあります。

　いつもと印象が違ったら、すこし薄めてみたり濃くしてみるのも面白いでしょう。

活用編

　色々な考えがあると思いますが、このテクスチャマッピングが頭に浮かぶと、ペアリングが容易に思いつくようになります。

　実際に気軽に手に入れられる食材で試してみましょう。

　今回は和紅茶を3種用意しました。

右側から
牧之原　　　静岡県産　茶葉タイプ：清廉
鳥取紅茶　　鳥取県産　茶葉タイプ：望蘭
たかちほ　　宮崎県産　茶葉タイプ：滋納
※茶葉タイプについては54ページ参照

　それぞれのテクスチャを図にしてみます。

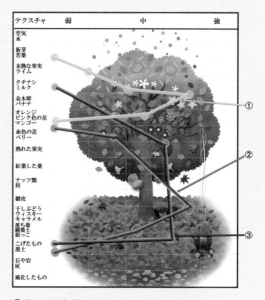

①牧之原春摘み
②たかちほ
③鳥取紅茶

　牧之原は爽やかでフレッシュな香りに、桃のようなフルーティーさを持ち、トップは花やかで、余韻にフルーツの甘い香りが続く爽やかな紅茶です。

　鳥取紅茶はアッサムの様な力強さを持ち、しっかりと発酵が進んでいますので、土の要素が強

く、飴やキャラメルなどの香りを持っています。ミルクティーにも相性の合う、味の力強さもあります。

　たかちほは、熟したりんごのようなフルーティーさと、蜜のような熟成感と甘みを持つ、落ち着いた紅茶です。熟成と火入れを繰り返して、様々な香りの要素が絡み合っています。

● とんかつを買ってきて

　例えば、今日はお惣菜で持ち帰りのとんかつを買ってきたとしましょう。ご飯の上に乗せてソースカツ丼にするのが私の一番のおすすめですが、そんなにガッツリ炭水化物はいらない気分。そしてアルコールが飲めない状況であるとします。そこで和紅茶の登場です。
　とんかつのテクスチャはこんな感じなります。

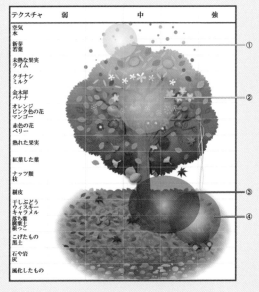

①キャベツ
②豚肉
③ソース
④衣

①キャベツ	キャベツは天に位置し、さっぱり感を出してくれる
②豚肉	豚肉は基本的にこの辺り
③ソース	熟成感があるため地の要素が強くなる
④衣	火が入っていて、地の要素が強い

　では、和紅茶でこれに近い物を選びます。
　鳥取も合いそうですし、たかちほも合いそうです。鳥取を薄めに淹れると脂を切ってスッキリした味わいになりました。ソースとの相性でたかちほはよく合いました。ソースは野菜や果物を煮込んだものなので、この熟成した感じがたかちほとよく合うのです。

　通常の淹れ方で淹れ、温度はすべて55度くらいの温かい、くらいの温度で楽しみます。

　実際のところ、牧之原でもさほど違和感はあ

りませんでした。しかし、若干青渋い感じがあり、ソースとかけ離れた香りが、渋みを引き立ててしまうものと思われます。

　もし家に牧之原やダージリンみたいなフレッシュな紅茶しかなかったら？

　緑のさっぱり感の要素を高めます。トッピングにシソ、バジルやオレガノもいいかもしれません。あるいは、おろしポン酢に少ししょうがを加えて合わせてみるとよく合いました。紅茶を少しお湯で薄めて、渋みを柔らかくすると、酸味やしょうがの辛みと反発が起きにくくなります。

　調味料を変えるとテクスチャはこうなります。

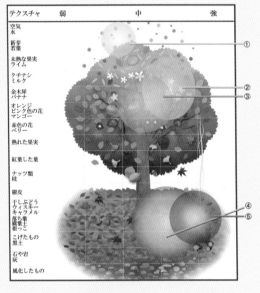

テクスチャ	弱	中	強
空気
水
新芽
若葉
未熟な果実
ライム
クチナシ
ミルク
金木犀
バナナ
オレンジ
ピンク色の花
マンゴー
赤色の花
ベリー
熟れた果実
紅葉した葉
ナッツ類
枝
樹皮
干しぶどう
ウィスキー
キャラメル
落葉
腐葉土
根っこ
こげたもの
黒土
石や岩
灰
風化したもの

①キャベツ
②おろしポン酢
③豚肉
④ごまみそだれ
⑤衣

　野菜と一緒に食べて爽やかにして、少しだけフレッシュさを足すトッピングを。やり過ぎないくらいで。

　ポン酢の柑橘感や大根おろしの水気でフレッシュさが増します。

　豚肉と衣の本質は変わらないものの、ソースがないので、料理全般としては天の方にだいぶ偏りました。

　これだと、少し薄め、温度低め（20度くらい）の牧之原を合わせると果実のような戻り香が楽しめるようになりました。

　※実は不思議な事が起こりました。私も同席した仲間達も、たかちほが一番美味しい、と言いつつ、食が進むのは鳥取の方でした。たかちほは余韻が甘くなり、優しい感じになるので、満足感が高くなり、鳥取は香味も脂感もキリッと切ってしまうので、次がまた恋しくなってしまうのです。

　つまり、あなたが居酒屋を経営するのならスパッと切ってくれる重合タンニン系の方が売り上げアップになることになります。

● お寿司を買ってきて

　銀座には食後に和紅茶を出してくれるお店があるそうです。残念ながら私はまだ行ったことがありません。魚介類こそ、和紅茶の出番と私は言いたい。緑茶は本当に生の魚介類に合わない。ノンアルコールビールもまったく合わない。日

本酒はばっちり合わせれば美味しいんでしょう
けど、私はアルコールに弱い。お寿司と緑茶の関
係は9ページを見て頂くとして、お寿司をテクス
チャで見てみます。

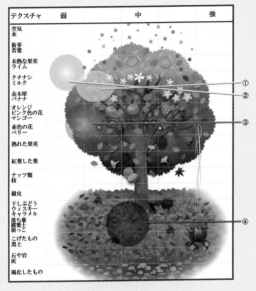

テクスチャ	弱	中	強

①白身の魚、イカなど
②酢飯
③赤身の魚
④醤油

・白身の魚やイカ。柑橘や青いもので引き立て
　られる。
・赤身の魚。白身は白い花、赤身は赤い花の要
　素と合いやすい。ただ、肉ほど強く主張はし
　ないものが多い。
・白米は本来水などのように主張が少ないが、
　酢飯なので柑橘や白い花の要素になる。
・醤油は重いテクスチャと強い塩味で全体を覆
　い隠す要素。融合というよりも、マスキング
　的な要素が強い。

　赤身と白身で随分変わると思います。また、フ
レッシュなもの、昆布締めしたもの、あぶり、巻
きもの、と本当にバリエーションが豊富ですが、

それぞれにピンポイントで合わせるのは現実的
ではありませんので、一般的な寿司のセットで
考えます。いずれにせよ、半分より下になること
は稀でしょう。

　まず、お寿司は冷たい状態がほとんどなので、
紅茶も熱々でない方がいいです。牧之原はフレッ
シュな香りを引き立ててくれます。ただ、この
「引き立てる」がくせ者で、ある意味魚臭さを引
き立てる事になってしまいます。

　そう、コラムに書いているように調和して増
幅するという事は良いことばかりではないので
す。その結果、悪い部分が引き立ってしまう場合
があります。魚の香りとうま味は引き立てるべ
きか、一度リセットするべきか、好みや違い、そ
してお寿司のクオリティによって随分変わると
思います。

　牧之原は案の定、生臭くなりました。特にいく
らと鯖はつらい。
　たかちほも若干臭みが出てしまいました。が、
しょうゆを付ければちょうどいい。
　鳥取を薄く淹れるとキレが良く、口の中の臭
みもすっかり切れました。

　これは私が基本的には生の魚が嫌いだからだ
と思います。魚は焼いたり煮たりした方が好き
なのです。仲間はまた違う意見でした。

　ガリを食べた後だと、牧之原がすっきりと感
じられます。
　白ワインの場合はレモン醤油でもいいので
しょうが、紅茶の場合は少し嫌みになりました。
　ミョウガを少しのっける事で、牧の原と相性
ばっちりになります。
　鳥取はやはりあぶりやタレ系が素直に合いま
した。こちらは単なるリセットではなくなり、風

味が増します。

　たかちほは難しい位置にあります。どちらにしても中途半端になります。熟したフルーツ感がどうもだるくなってしまうのです。そういえばお寿司にりんごやメロンってあんまり使いません。そこで、中心部分の要素を引き上げるため、カリフォルニアロールみたいにアボカドとマヨネーズをのっけてみたら結構合いました。また赤身のお寿司に醤油とバルサミコ酢でアレンジするとバッチリになりました。

● カレーを買ってきて

　とんかつと似ていそうですが、カレーの特徴はその辛みにあります。とんかつに付いてくる辛子や胡椒は好みで増減できますが、カレーに入っている辛みは買ってくる側としてはどうしようもありません。

　辛みの無いカレーなら問題無いのですが、ここでは標準的な辛みを持ったカレーを買ってきた、という前提で進めます。

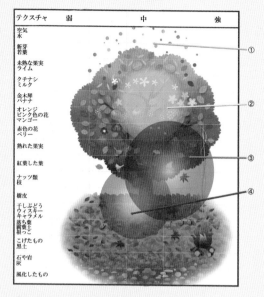

① 白ご飯（中立）
② カルダモン、フェンネルなど
③ クローブ、シナモンなど
④ 炒めた玉ねぎ、煮詰められたフルーツなど

　カルダモンやベイリーフなどの爽やかなハーブもカレーには多く入っていますが、熱が入っているので少し地に近づいています。

　スパイスは基本種子や樹皮で、煮詰められたフルーツなどもあわさり幅広い要素を持ち併せています。

　お肉と飴色まで炒めた玉ねぎはテクスチャーを低くまとめています。

　牧の原でもまずくなるわけではありませんでした。ただ、別物の感じです。ペアリングという感覚では、水よりもキレがいい、という利点はあります。

　たかちほはよく合いました。

　たかちほは辛みを中和してくれ、カレーの素材の甘みを引き立てました。

　鳥取は通常に淹れれば辛みが増してしまいま

した。渋み成分を多く含むため、辛いと相性が悪いのは当然です。なので、薄く淹れて低めの温度で飲むと、今度は抜群に良くなりました。非常にキレがよくなります。

　カツカレー、ハンバーグカレーにすると鳥取紅茶のアイスティーが大活躍でしょう。

> **コラム　唐揚げにレモンの謎**
>
> 　今でも時折ラジオなどで話題になりますが、居酒屋などで出てきた鶏の唐揚げにレモンを絞ってかけるのが是か非か。飲み会などで唐揚げが出てきた瞬間にレモンを上からわ～っとかけるのが私は好きではありませんで、配膳された瞬間に守るように自分の分を取り皿に確保したものでした。
>
> 　長い間何のために唐揚げにレモンなど搾るのか私には不可解で、レモン派に言わせるとさっぱりとなって美味しいとのことですが、唐揚げになんでさっぱりさなんて必要あるのか？　せっかく濃い味が食べたくて唐揚げを注文したのに……などど内心思っていました。
>
> 　しかし、ペアリングの事を考えるようになってようやく分かりました。つまり、レモンをかける人達はビールを飲みながら唐揚げを楽しむ人達なのでしょう。お酒に含まれる有機酸と、レモンの酸味が合わされればコク深い味になるのです。
>
> 　私のようにアルコールに弱い人間は唐揚げにご飯を合わせるので、レモンの酸味は尖って感じてしまうのです。

第 *4* 章

和紅茶の世界

和紅茶が作られている畑。宮崎県日之影町。

紅茶の基礎

　ここで紅茶の基礎の話をしておきます。紅茶の製法等はネットで簡単に調べられますので、ここではペアリングの為の素材作り、という視点からお茶を見ていきたいと思います。

● お茶の分類

　紅茶とは、お茶の樹(学名カメリアシネンシス)から採れる葉を、酸化発酵させて作ったお茶です。
　緑茶は不発酵、烏龍茶は半発酵、紅茶は全発酵、プーアル茶などは後発酵と呼ばれます。[※1]
　実際、少し前までは烏龍茶は青茶というジャンルに分類され、白茶、緑茶、青茶、黄茶、赤茶、黒茶という風に分類分けされていました。
　※1　厳密に言えば正確な表現ではありませんが、一般論として記します。

お茶の製造工程

　緑茶→殺青→揉捻→乾燥
　烏龍茶→萎凋→殺青→揉捻→乾燥
　紅茶→萎凋→揉捻→発酵→殺青→乾燥

　発酵は微生物の働きなどではなく、りんごをカットすると褐変していくように、酸化酵素の働きを利用したものです。したがって、発酵という工程そのものに要する時間は作り手によって様々ですが平均して1時間前後です。

　緑茶が紅茶に発酵する過程で、主にカテキンが酸化酵素の働きによって重合し、テアフラビン

などのいわゆる紅茶タンニンになっていくのですが、全てのカテキンがなくなる訳ではなく、多くのカテキンが紅茶の中に残存します。つまり、紅茶の中には多かれ少なかれ緑茶の要素は残ります。

　知人のソムリエが、
　「紅茶は緑の新鮮な茶の葉が発酵し、枯葉や腐葉土に近づいていったもの。つまり、若々しいものから熟成したものまで、合わせる事が出来る要素をどこかに持っている」と言っていた事がありましたが、なるほどうなずけます。紅茶は非常にペアリングの幅の広いお茶だと思っています。

● 紅茶の起こり

　お茶は16世紀頃にアジアからヨーロッパにもたらされました。最初は緑茶をアジアの珍しい文化として楽しんでいましたが、貴族から庶民へと嗜好が移るにつれ、主要なお茶は緑茶から紅茶へ変わっていきました。

　紅茶の起源と言われる福建省で現地の話を聞いたり、製法を見て推察するに、紅茶は本来、当時人気が上昇しつつあった烏龍茶から偶然に出来たものであろうと考えています。もっと言えば、烏龍茶をより効率的に作ろうとしてできたものではないかと。出来たお茶は発酵が非常に進み、煙を吸ってしまった「正山小種(ラプサンスーチョン)」と呼ばれるスモーキーなお茶であったようです。中国の茶商達にはさぞ不評だったでしょうが、イギリス人には結果的に受けました。
　未知なるアジアへの憧れ、長期間船内で運ばれることによる品質の変化と、その変化をごまかす為の工夫、その辺りが緑茶よりそのスモーキーな紅茶が好まれる理由となったというのが

通説で、もちろん大筋において私も賛成ですが、少し、ペアリングという観点で見てみましょう。

日本人が飲むと仰天する正山小種。正露丸の香りとも言われますが、当時既に樽で寝かせたお酒やピート香のするスコッチウィスキーを飲んでいた紳士達にとって、さほど驚く味では無かったのではないでしょうか？

当時はまだ野菜があまり収穫出来ず、イギリス人はパンよりも牛肉を食べる、とさえ言われていた時代。必然、料理もステーキやローストビーフ、燻製肉などが主流になり、例えペアリングを楽しまなくても、人はそれに準じた香味を好むようになっていくはずです。食後も口内には香りが残りますので。

そして焼き菓子、乳製品が非常に馴染んでいたこと。和菓子は動物性をあまり使いませんが、乳製品文化の深いイギリスはお菓子も成分的に複雑な物、テクスチャマッピングで言えば地に近い物の方が絶対に相性が良かったはずです。

相性というものを意識しなくても、風土、経験によって人間の味覚は作られていきます。例え当時のイギリスにジェット機があり、新鮮なアジアの緑茶が手に入り、軟水を手に入れることが出来たとしても、彼らは結果的に紅茶を選んだのではないでしょうか？

ミルク、バター、クリーム、葉巻やスコッチウィスキーを好み、オークの古い家具を大事に使う彼らにとって、少しスモーキーな香りの紅茶は、我々現代日本人とは全く違う受け入れられ方をしたのではないかと思います。

イギリス人はアジアの良いお茶を知ることが出来ずに、失敗品で作られた紅茶を好んだ、のではなく、数多くの輸入品の中から彼らの好みに合う物を選び出し、中国人達もその需要に答えた。というのが、私が思う紅茶の起源です。

● それぞれの行程で起こること

1. 栽培

お茶はツバキ科の常緑樹です。品種は大きく分けて2系統、アッサム種（Camellia sinensis var. assamica）と中国種（Camellia sinensis var. sinensis）に分かれます。

大まかな一般論で言えば、アッサム種は葉が大きく、寒さに弱い反面暑さに強く、渋みも香りも強い、いわゆる紅茶らしい紅茶が出来ます。ミルクティーにする濃い紅茶や、濃厚な蜜の香りがするのはアッサム種に多いです。

中国種は、茶葉はアッサム種に比べれば小さく、比較的寒さに強く、渋みは穏やかです。香りも派手な香りはあまり出ないものが多く、優しく繊細な味わいとなります。

日本の緑茶はほぼ中国種で、アッサム種を使って同じような緑茶を作ると非常に不愉快な苦渋味が出てしまいます。

日本の紅茶品種も純粋なアッサム種は少なく、ほとんどは掛け合わせで出来たハイブリッド品種です。

また、同じ品種でも肥料や農薬の管理、気象や土壌によっても大きく変化します。窒素肥料が多いと収穫量もうま味も増しますが、紅茶の場合は発酵がうまくいかなくなったり、香りも出にくくなりますので、緑茶とは違う管理が必要になります。肥料を少量与える人、無肥料で育てる人、考え方は様々で、単に味が良い悪いだけではなく、その生産者の人生哲学が込められています。

様々なストレスでも香りと味が変化します。日照量、害虫、気温の変化、雨の量、風、すべてが紅茶の香味に少しずつ、時には大きく影響を与えます。

左上：インドアッサム地方の茶畑。平地に広大な茶園が広がる
右上：鹿児島県の茶畑
左下・右下：インドダージリンの茶畑

2. 摘採（てきさい）

お茶を摘む作業は日本ではほぼ機械で行われ、手摘みはほんの一部です。お茶の芽は日々成長し、味も香りも変わってきます。どの辺りで摘むのかは生産者さんの考えで変わりますし、天候等の都合でも変わります。いくら状態がよくても雨の日に摘めば良いお茶を作る事は難しくなります。

一般的には若いうちに摘めば爽やかな仕上が

りが期待出来る反面、紅茶の場合はツンとした苦渋味が強くなりやすくなります。適度に成長した葉っぱは品種の特徴が出やすくなったり、味に重厚さを帯びやすくなったりする利点があります。

どのタイミングで摘むのかは品種の特性や生産者の考えによって変わります。摘む段階からすでにどのような品質を目指すのか、方向性が決まっているのです。晴れた日が続いた日に摘めば、キレのある味わいが作りやすく、雨が続いた後では重みのある味になりやすい傾向にあります。

ほんの2〜3日で芽の状態は大きく変わり、またどれくらいの高さで摘むかも数ミリの微調整で品質と生産量が大きく変わるため神経を使います。

3. 萎凋（いちょう）

摘んだお茶の葉を静置し、平均で約12〜15時間ほど置きます。このときに青リンゴのような香りが漂いますが、逆に傷んだ香りが出てしまったり、表乾きと言われる葉の一部だけが乾燥が進み過ぎてその後の発酵が進まなくなったりと仕上がりの香味に大きな影響を与えます。ただ静置するだけとはいえ、非常に気を使う工程で、生産者によっては「紅茶の善し悪しは萎凋で決まる」と言い切る人も少なくありません。水分35%減（100kgの茶葉が65kgになるまで水分を蒸発させる）が基本ですが、25%や30%にするとコク深いこってりとしたお肉や小豆に合うような紅茶が出来やすく、進み過ぎると青っぽい若草のような香りの、ゼリーやオリーブオイルに合うような紅茶が出来やすくなります。

スリランカの揉捻機
下に突起があり茶の葉を切りながら揉む
味は濃く強くでてケーキに合いそうな紅茶が出来る

萎凋の現場。ある程度重ねて下から風を送ったり、
薄く広げたり、生産者の作りたいお茶や天気、茶
葉の状態などによってやり方は様々

4. 揉捻（じゅうねん）

　お茶を機械で揉み、細胞壁を壊して発酵を促
していきます。力の強さ、時間、機械の早さなど
で、その揉み具合は変わります。一般的に力強く
長く揉めば茶葉は小さく砕け、大きい葉も傷が
多く付き、味は早く濃くでるようになります。発
酵も促され、発酵の進んだ濃厚な紅茶が出来や
すくなります。優しく、短くすれば発酵があまり
促されず、緑に近い紅茶になり、抽出時、味も優
しくゆっくりと出て行くようになります。紅茶
に渋みや力強さを求めない国や人は如何にお茶
の葉を傷つけ過ぎないか、を工夫しますが、ミル
クティー用の紅茶を作る国では、葉がより傷つ
きやすいように機械を工夫してあります。

甘めの焼き菓子なども美味しそう

ダージリンの揉捻機
突起が無い！　優しく葉を傷つけないように揉むの
で発酵もあまり進まずフレッシュ感のある仕上がり
になる。ミルクティーには合わないが、チーズケー
キやデザート類には合いそう。ダージリンが軽めの
お菓子に合わせられる事が多いのはこのため。
写真では見えないが中心部分に盛り上がった部分
があり、ちゃんとお茶は揉めるようになっているが、
極力お茶に傷を付けないようにされている

第4章　和紅茶の世界

5. 発酵

　揉んだお茶の葉を、湿度100%に近い状態で静置します。気温も重要です。温かすぎたり、発酵の仕方が悪いと酸味や雑味が出やすくなります。

　発酵が程よく進むと水色は鮮やかな赤みを帯びますが、やり過ぎると黒っぽくなります。また発酵をわざと進めないようにすると、フレッシュな香りが保たれ、萎凋の時のフルーティーさが保ちやすくなります。一歩間違えば青渋みが残ったり、海藻のような新鮮さと熟感の両方の悪いところが引き立ったようなものになります。

上：鹿児島県ねじめ茶寮さんの発酵現場。湯気を
　　焚き、温度と湿度を調整している
下：アッサム地方の発酵現場。床にシートを敷き、
　　その上で発酵。窓についた送風機から霧状に
　　水分を飛ばして湿度を調整することもある

6. 乾燥

　発酵が程よく進んだら、水分の残っているお茶を乾燥させて行きますが、意外に侮れない工程で、ただ熱風を当てて乾燥させればいいというものでもありません。発酵が終わったばかりの紅茶はまだ発酵酵素が活性ですので、まずは高温で一気に熱を当て、程よい発酵で発酵酵素の動きを止めてしまわないといけません。ゆっくり熱を入れると発酵が促進され、品質が変わってしまいます。この工程を「殺青（さっせい）」と呼び、お茶を作る時、この熱を入れる工程は紅茶以外でも非常に重要です。

　このときの火入れで、うまく熱が入っていると、キレの良い、爽快な味わいになります。火入れが緩やかだと味も緩み、もったりとした印象になり、よく言えばコクを感じる味になることもありますが、悪いと雑巾のような蒸れ香が出たり、乾燥機の中で発酵が進む過発酵の状態となって、色は黒ぼったくなり、味は酸味を感じてしまったりします。

　しっかり中まで熱が通ったら、今度は温度を下げでじっくり乾燥させます。表だけ乾燥して茎の部分に水分が残っていたりすると、雑味が出たり、品質劣化の原因になります。水分が少なくなってくると、お茶は焦げやすくなります。程よいタイミングで温度があがると、カラメルや鼈甲飴のような香りになります。さらに温度を上げると焙じ茶のような焦げた香りになります。

　お肉と同じで、低温で時間をかけて熱を入れる、高温で表面だけ火を入れる、少し焦げてでも中までしっかり火を入れる、色んなやり方がありますが、味も香りも大きく影響します。

　最後の仕上げに、フレッシュな感じを残すか、カラメルやカカオ的な甘みを感じる熱の入れ方

か、少し香ばしさを出すか、火の入れ方は実は大変に奥の深い難しい作業です。

　どんなお茶でも最後の火入れでどうにでもなるのではなく、今までの行程の総仕上げで火入れが行われます。

　青さを残すタイプは青さを消さず、なおかつ嫌みな部分は消すような火入れ、熟した感じを出したい人はより熟成感が引き立ち、でもやり過ぎない程度の火入れを心がけていらっしゃいます。

　紅茶は萎凋が一番重要！　とよく言いますが、私が思うに、美味しくない和紅茶のほとんどは一番が栽培の時点、次が火入れ（殺青）に原因があると思っています。

上：乾燥機に送られる茶葉
下：乾燥した茶葉。黒みがかった色に変化している

和紅茶の特徴

　和紅茶という言葉は、2001年頃から、石川県のデザイナーである赤須治郎さんが使い始めた言葉です。従来は「国産紅茶」「日本産紅茶」という呼び方が通常でしたが、単なる地理的な意味だけでない、日本産ならではの魅力というものが現在の和紅茶にはあります。

　明治から昭和初期にかけては輸出を目的として作られていた紅茶ですが、その時代は海外の人に買ってもらうための紅茶でしたので、セイロン産、インド産と同じくミルクティーや砂糖を入れて飲むスタイルに合わないといけませんでしたし、品質や価格についても、良くも悪くも安定したものが求められました。しかし、今は国内需要、さらに近年のシングルオリジンやスペシャリティコーヒーを楽しむ気風にも恵まれ、個性的な味わいをそれぞれ楽しめるようになってきました。

　海外のどの産地でも、同じブランドであれば質の上下こそあれ、ほぼ同じコンセプトで作られたものが買えるのでしょうが、現在の和紅茶の特徴としてシングルオリジン性が高く、例えば「静岡の紅茶」と書いてあっても、それだけではその紅茶がどういう性質をもっているのか分かりません。非常に渋味の強い紅茶かと思えばすぐ隣にある別の静岡紅茶がまろやかで優しい味わいという事も珍しくないです。

　画一的な輸入品と違い、それぞれの違いを楽しめるのが和紅茶であり、その為、非常に幅広くペアリングを楽しめるようになっています。

　作り手の思い、技術、背景そしてその時の一期一会感をより色濃く楽しめるのが和紅茶の特徴ではないでしょうか？

和紅茶が作られている現場

　和紅茶を作っているのは、全国のお茶農家さんたちです。沖縄県から東北まで、様々な人が紅茶を作っています。暑いところ、寒いところ、平地から山間地、土壌の違い。その他諸々の気候や栽培方法などで香味は大きく変化し、どのような場所が一番優れている、などと言うことは出来ません。それぞれの環境に応じた栽培法、適応品種があり、目指すべき品質が定まってきます。我田引水的にここの地域は優れている、他の地域で美味しい紅茶は出来ない、などと言うのは全くナンセンスなことです。

　和紅茶は生産者の思い、人生観が濃縮された一期一会感が一番の魅力で、その地域に息づく生産者の心が詰まっています。全国に魅力ある生産者は沢山いらっしゃいますが、ここでは長崎県の対馬で和紅茶を生産されている大石孝儀さん、裕二郎さん親子をご紹介し、和紅茶が作られている現場を見てもらいます。

　長崎県対馬市は九州の北部に位置する島で、韓国が肉眼で見えるほどです。緯度としては静岡と並ぶくらいで、比較的穏やかな温暖気候のはずですが、大石さんの作る紅茶は鹿児島や沖縄の紅茶に通じる、力強さがあります。

　対馬紅茶は近年では国内のコンテストでも上位入賞するほどになり、知名度もあがりました。初代は裕二郎さんのお父さんである孝儀さんがはじめられたのがきっかけです。孝儀さんは長崎県の本土で農業試験場の指導員として働いていらっしゃいましたが、2002年、故郷の対馬に帰る際、対馬には換金作物となる農業が無いのを変えたいと、柚子と茶の栽培を少しずつはじめ

ておられ、2012年から紅茶の製造もはじめられました。

　対馬の土壌は砂礫混じりのやせ土で、温暖とはいえ夏は最高温度が30度を超えることは滅多にないと言われており、私の知る、同じような香味が出来る九州南部とは土壌も気候も違います。一致しているのは低地の山間部、ということくらいです。

　大石さんの紅茶は力強く、ボディがあり「べにふうき」という紅茶品種独特の力強さと香りを持っています。発酵度はやや高めで、刺すような収斂性の渋みでは無く、ズシンとくる渋み。わずかに甘みも感じ、春に作られるファーストフラッシュにはわずかに柑橘の要素も感じます。

　栽培されているのは紅茶用品種のべにふうきと、緑茶用品種のおくみどり。紅茶はすべてべにふうきで作られています。お父さんの紅茶作りを引き継ぎ、さらに発展させようとしているのが息子の裕二郎さん。品質向上の為、常に2人は意見の交換をされています。

　孝儀さんと裕二郎さん。お互いに理想とする紅茶の製法にわずかな差異があるため、時にはぶつかり合うこともあるようですが、そのように本音をぶつけ合った結果でしょう、紅茶、柚子、どちらも順調に生産量は伸び、紅茶は2年連続で国内のコンテストで金賞受賞を果たしていらっしゃいます。

　それでもなお、自分達の満足する紅茶を安定的に作る為、製法、畑の管理、製造後の管理まで、飽きることなく知識を吸収し、試行錯誤を繰り返していらっしゃいます。

　息子の裕二郎さんは静岡の東部で会社員をされていましたが、結婚されて対馬に帰る事を決意。奥様が地域活性に関わる仕事をされていた

事もあり、2人で農家民宿を設立。デザインのテコ入れ、その他、対馬の魅力を伝える様々なアイデアを2人で出し合い、魅力を多方面に発信していらっしゃいます。

　和紅茶は、それぞれ単一の農園、個人経営の茶園がほとんどで、製法も人それぞれで決まったやり方というものが存在しません。その為、作り手の人生がそのままお茶に反映されます。ぼんやりした人が作ればやはりぼんやりとした味になってしまいますが、大石農園のお二人、そしてそこに集ってきたスタッフさんたちの様に、生き様を込めた人が作る紅茶は飲んでいても何かしらのメッセージが伝わってきます。

　情熱的ですが、決して押しつけがましいわけでもなく、外から来た人を快く迎え入れていく度量の深さ、今もなお、畑を広げ、機械を購入し、予算も労力も費やして未来を創造していく姿に感銘を受けずにはいられません。理想に向かって奮闘する親子の力強い生き様は、一杯の紅茶の中にしっかりと感じられます。

つしま大石農園
〒817-1603 長崎県対馬市上県町佐護東里1384
電話：0920-84-5176
URL：https://oishifarm.com/
Instagram：tsushimaooishinouen
　非常に力強いアッサム系の紅茶。ケーキに合いそうです。料理なら肉料理や煮込み料理などにも。

和紅茶の分類と淹れ方

　先述したように、和紅茶は同じ地域の同じブランドであったとしても、時には同じ生産者の紅茶でも、まったく違う紅茶である、という事は珍しくありません。私が和紅茶を販売する上で、一番迷ったのがこの部分で、それぞれの好みの紅茶を選びやすいように、大まかに3種類に分類しました。
　滋納(じな)…優しい味わいでほのかに甘みを感じ、和菓子や普段のお茶として気軽に飲める紅茶
　望蘭(ぼうらん)…海外紅茶の様に力強い味わいを持ち、ケーキやミルクティーに合う紅茶
　清廉(せいれん)…ダージリンやヌワラエリアのように香りを重視し、発酵を浅くした紅茶

　分類する以上、例外や複数の特徴を持つ物も出てくるのですが、このように分ける事で消費者の皆様に自分がどのような場面で紅茶を飲みたいかを想像して選択出来るようにしました。

　ペアリングとしては一般論として下記のようになります。細かい部分は次頁以降で解説致します。

滋納
　合うもの…醤油、みりんなどの和の食材、少し酸味のあるもの、脂肪分のすくないもの
　合わないもの…青みのあるもの、酸味がつよいもの

望蘭
　合うもの…動物性のもの、ケーキなどの洋菓子類
　合わないもの…フレッシュフルーツのように酸味のつよいもの、若々しいもの、辛いもの

清廉
　合うもの…ドライフルーツなど
　合わないもの…海産物、チーズなどの生臭みをもったもの、熟成の非常につよいもの

● 各分類の特徴　滋納

　滋納タイプは和紅茶の中でもっとも多く作られているタイプでしょう。日本人のように砂糖やミルクを使わず、ストレートで飲むのをよしとする習慣があると、あまり渋みの強い紅茶は使いにくくなります。
　また、生産者の多くは、紅茶専用の畑を持っている訳ではなく、緑茶と併用している場合がほとんどで、例えば5月の1番茶は緑茶を作り、2番茶に紅茶を作る、と言った具合です。
　そのため、お茶の品種は、ほとんどが緑茶用の品種ですので、もとより発酵は進みにくく、渋みは優しく、ほんのり甘みを感じるような味わいです。このような品種で紅茶を作れば、一部の例外を除き渋みは少なく、少し青みを感じる香味を持ち、わずかに甘みを感じるような優しいバランスになるのが通常です。
　また、緑茶を作って出荷する場合は、畑の管理もまず美味しい緑茶を作ることを前提に作られ

ていますので、土作り、肥料のやり方も緑茶向き
になります。その場合、益々上記のような特徴が
出てくるようになります。

　肥料や農薬を使わない自然栽培や、釜炒り茶
用の特殊な品種などを使用しているような場合
は緑茶品種でも力強い味わいが出来ることがあ
りますが、やはり生産者さん達自身が渋みの強
い紅茶を好まないという背景もあり、滋納タイ
プの優しい味わいが多く作られています。

一般的な滋納のテクスチャマッピング

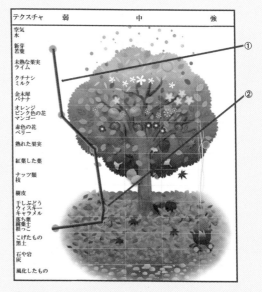

テクスチャ	弱	中	強
空気			
水			
新芽 若葉			
未熟な果実 ライム			
クチナシ ミルク			
金木犀 バナナ			
オレンジ ピンク色の花 マンゴー			
赤色の花 ベリー			
熟れた果実			
紅葉した葉			
ナッツ類 枝			
樹皮			
干しぶどう ウィスキー キャラメル 落ち葉 根			
こげたもの 黒土			
石や岩 灰			
風化したもの			

①緑茶品種を使っているので、少し緑っぽい要素
　も残っている場合が多い
②トップは紅葉した葉や完熟した果実、落ち葉など
　の要素になるが、全体的に大人しく、幅が広い
　のが特徴。品質の良いものは全体的に優しく大
　人しくまとまっており、ほのかに完熟した果実や
　蜜のような甘みを持っている

滋納の淹れ方と楽しみ方

　滋納タイプの紅茶は渋みが少なく、穏やかな
香りですので、あまり気を遣い過ぎないくらい
の方が美味しく入るようです。基本的に抽出時
間が3分を過ぎても渋みは出てきません。私も3
分計って淹れますが、3分過ぎると渋くなる、と
いうより、3分くらいは蒸らした方がいい、とい
う考えです。

　ストレートでじっくり楽しみたい時や、甘い
お菓子に合わせるときは3分、料理に合わせると
きや軽く味わいたい時は2分くらいで淹れる方が
良いでしょう。

　テクスチャを見ると、緑の要素が低い位置です
が残っています。和紅茶を飲みながらも、どこか
に緑茶っぽさや懐かしさを覚えるのはこの部分

です。緑茶に特化した品種であったり、施肥の関係などでこの緑の感じは残っている場合が多いです。完成度の高くない和紅茶はこの部分が青臭みや酸味に感じたり不自然に思うことが多く、良い滋納タイプの和紅茶はわずかに残る緑の印象が、心地よく、和菓子や和食によく合います。

1 急須を温める
2 150ccあたり2〜3gの茶葉を入れる
3 沸き立ての熱湯を勢いよく注ぐ
4 蓋をして約3分待つ。お好みで時間は調整。
　長く置いても大丈夫
5 別の急須に移し変えるか、茶杯に注ぐ

※ワンポイント
　滋納の場合は沸き立てでなくても美味しい場合が多い。少し沸かして時間が経ったものでも可。ただ、香りは落ちる。

　淹れる量が少ない場合は相対的に茶葉は多く、逆に沢山淹れる場合は相対的に茶葉は少なく。例えば、150cc 3gだからといって、75ccの時は1.5ではなく、1.8gくらい入れた方が良い。5杯分以上一度に淹れるときは20%程茶葉を減らした方が良い。

　沸き立ての新鮮なお湯で淹れていれば、茶葉はジャンピングしており、急須の中はほぼ一定の濃度になっているので、振ったりしなくていい。自信が無いときは蓋を開けてチェック。

滋納を味わう器
　渋みが柔らかく、場合によってはうま味や甘味を感じ、香りは穏やかで熟した香りが特徴ですので、形は直立型かチューリップ型。少し厚みのある器を使うと、よりまろやかさ、コクが味わえるでしょう。

滋納のペアリング基礎
　滋納タイプの紅茶は何度も書いている通り、渋みが少なく甘みやうま味を感じます。発酵度を高くしている場合がほとんどで、熟した香りを持っています。香りのテクスチャは熟したみりん、醤油、シナモン、枯葉などの要素を持っています。仕上げに火を強く入れている茶葉だとカカオ、焼いた枝のような香りを有するようになってきます。

　欠点としては、タンニンの量が少なく、枯れた感じを持っているのでテクスチャ的に離れている柑橘、フレッシュなサラダには合わない事が多いです。

　稀に発酵が浅い滋納タイプの紅茶もあります。通常、発酵を浅く抑えた紅茶は香りを引き出す為にやっているので、清廉タイプが多いのですが、品種等の影響で香りも味も抑制された、それでいて青臭さや青苦さもないバランスの良いフ

レッシュな滋納紅茶が出来ます。

その場合、柑橘やビネガー、フレッシュな食材にも合うようになってきます。淹れた後の茶殻、水色を見て、色に緑っぽさを感じる時はテクスチャマッピング的に天に近く、10円玉のような鮮やかな赤銅色を持っている場合はテクスチャマッピングの地に近いものになりますので、フレッシュなものにはフレッシュなもの、熟したものには熟したものを合わせるのが基本です。

例えば滋納には羊羹がよく合いますが、少しフレッシュな滋納タイプであれば、白羊羹、少しフルーツを加えてアレンジした羊羹がよく合います。

ちなみに、羊羹にみかんやレモン、いちごを加えたようなアレンジ羊羹は通常、小豆ではなく白小豆や手亡といった白い豆を原料にしますが、これも色合いを見せるためではなく、フルーツの持つ渋み、苦みと小豆が持つ渋みが相性が悪いため。つまり必然なのです。

■ **各分類の特徴　望蘭**

望蘭は紅茶用の品種を使い、スリランカなどの製法を取り入れて製造されているものが主になります。アッサムやセイロンティーといったケーキやスコーンに良く合う紅茶を目指した紅茶です。かつての輸出時代の紅茶にはこのタイプが主流だったようですが、現在の紅茶は日本人向けのストレートで渋みの少ない紅茶が好まれる場合が多く、この望蘭をつくる人は少ないです。

ただ、やはり紅茶と言えばしっかりとしたボディがあって、ケーキと一緒に楽しみたい！　という人も多く、上手に出来た望蘭紅茶は人気が出ます。やぶきたなどの緑茶品種ではつくりにくく、紅茶用に開発された「べにふうき」「べにひかり」などのアッサム系が作りやすいです。

ミルクティーによく合うボディを持つ、という事は、タンニン分が多く、発酵度が高い＝タンニン同士が重合し大きい分子になっているという事です。程よく重合したタンニンは渋みよりもボディとして感じます。発酵が弱いと舌や頬の裏側を刺すような刺激的な渋みになります。私としては製造不良と思うのですが、それを好む人達がいるのも確かです。

タンニンが多いので、脂分を良くきってくれます。香りは緑っぽい香りや青リンゴのようなフルーツ感、ジャスミンのような花香は無くなり、完熟フルーツのような甘い香りと枯葉のような熟成感、バラの花のような重量感のある花香に変化しています。

渋みが強く重いので、同じくボディのあるソースのかかった肉、クリームを使ったものによく合います。酸味とは基本的に合いませんので、甘みや脂肪分に仲を取り持ってもらわないと口中での激しい喧嘩が起こってしまいます。青臭み、フレッシュなフルーツ感を消す効果もあります。ただ、このような特徴を持つ料理は全体として白ワインが合うようなバランスで作られていると思いますので、基本的に合わない場合がほとんどでしょう。

紅茶用品種　べにふうき

一般的な望蘭のテクスチャマッピング

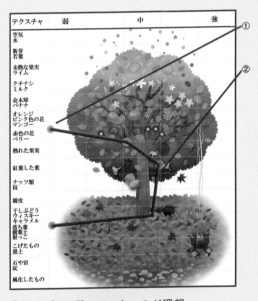

テクスチャ	弱	中	強
空気			
木			
新芽			
若葉			
未熟な果実			
ライム			
クチナシ			
ミルク			
金木犀			
バナナ			
オレンジ色の花			
ピンク色の花			
マンゴー			
赤色の花			
ベリー			
熟れた果実			
紅葉した葉			
ナッツ類			
枝			
樹皮			
干しぶどう			
ウィスキー			
キャラメル			
落ち葉			
腐葉土			
こげたもの			
黒土			
石や岩			
灰			
風化したもの			

① 緑っぽさは残っていないのが理想
② トップは赤い花から熟した実や紅葉した葉、落ち葉の心地よい香りなどを持っている

望蘭の淹れ方と楽しみ方

1 ティーポットを温める
2 150ccあたり2〜3gの茶葉を入れる
3 沸き立ての熱湯を勢いよく注ぐ
4 蓋をして約2〜3分待つ
　時間が長くなると渋みが強くなるので注意

5 基本的に2煎目以降は出ない

※ワンポイント
　香味の力強さが特徴なので、新鮮な沸き立てのお湯が良い。長くゆっくり楽しみたい時は、少し多めの茶葉を使い、お湯を少し残して飲み、残った濃い部分をまたお湯で割りながら飲むのもよしです。

望蘭を味わう器

　望蘭をどう味わうか、ちょっと難しいところです。望蘭は渋みが出やすいものが多いのですが、それを楽しみたいのか、ボディのある重い味は好きだけど渋みは感じたくないのか？

　少々の渋みは紅茶らしさ、と楽しみたい場合は、薄手で、反りは少なめ、素材は磁器やガラスが良いでしょう。

　逆に渋みが嫌な場合は厚手で少し荒い素材、背の高い筒状のものがいいでしょう。ビール用に作られた陶器グラスはボディのある渋みが感じにくいです。渋みや苦みを感じにくい、失礼な言い方をすればアバウトにゴクゴク飲むのに適したグラスなのでしょう。「ビールは必要以上に味わわず、ゴクッと飲まないといけないよ」とお酒の専門家に言われたことがありました。私が日本酒やお茶に馴れているため、ついついテイスティングのような感じで口に含んで味わっていたのが気になったようです。確かに言われた通り、グイっと飲んだ方がビールの苦みが必要以上に口の中にまとわりつかず、美味しく感じました。ビール用のグラスやジョッキもそれに適した作りになっているのでしょう。

望蘭のペアリング基礎

　望蘭は基本的にイギリスなどで楽しまれる、鮮やかな赤褐色の水色と程よい渋みを持ち、ボディの強い重合タンニンを楽しむ紅茶です。重合タ

ンニンは脂肪分と相性が良いため、一般的に紅茶のシーンで楽しまれる、スコーンやケーキに合わせたり、ミルクティーにして楽しむ事ができます。

テクスチャとしてはチョコやキャラメル、腐葉土、焼芋のような熟した要素にバラなどの色の濃い花の要素も持っています。

料理では赤身の肉料理、赤身の魚料理(いずれもソースと合わせてあるのが必須)にも合いますが、渋みが強いので、ワインと全く同じようにはいきません。料理に合わせる時は、薄めに淹れるとカレーやとんかつ、すき焼き等にもよく合います。

滋納と違い、臭みを引き立てる心配はあまりなく、魚の臭み消し、肉の脂をさっぱりさせる効果もあります。

香りは相性が良くても、味の方を強くすると食事に合いません。望蘭タイプは渋み、苦みが強く、甘みや脂肪分の多いお菓子には良いのですが、一般的な食事のシーンではそのような強い甘みのものはでません。

その為、通常の淹れ方よりも薄めに淹れた方が良いでしょう。茶葉を半分に減らしたくらいでちょうどいいです。時間もやや短めでいいです。

濃いか薄いか、ではなく、どのようなタンニンを持っているか、が基本的に重要です。

● 各分類の特徴　清廉

清廉は香りを重視した和紅茶を指し、海外紅茶であればダージリンのようなものになります。つまり、発酵を浅くして青さを少し残す代わりに香りのフレッシュさを優先しています。ですので、多くの場合は、紅茶が重合タンニンになっておらず、濃く淹れると緑茶を煮詰めたときのようなチクチクした渋みになってしまい、そう

なるとお湯で多少薄めてもミルクを淹れてもその刺激的な渋みが残ってしまいます。ちなみに、うまく発酵のすすんだ望蘭タイプの紅茶は濃く入ってしまった場合、少しのお湯を足すだけで渋みは和らぎ心地よい味に変わります。海外で紅茶の葉がポットに入ったまま出てきて、お湯に浸かったままの2煎目、3煎目は差し湯をしたりミルクを加えて楽しみますが、あれはアッサムのようによく発酵してコクのある紅茶であってはじめて最後まで楽しめる紅茶となります。日本で流通している多くのダージリンやウヴァはその楽しみ方はそぐわないと思っています。

一般的な清廉のテクスチャマッピング

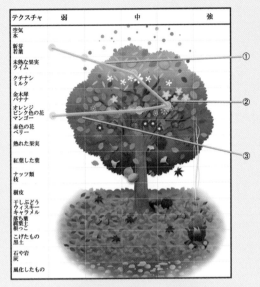

テクスチャ	弱	中	強
空気			
水			
新芽			
若葉			
未熟な果実			
ライム			
クチナシ			
ミルク			
金木犀			
バナナ			
オレンジ			
ピンク色の花			
マンゴー			
赤色の花			
ベリー			
熟れた果実			
紅葉した葉			
ナッツ類			
枝			
樹皮			
干しぶどう			
ウィスキー			
キャラメル			
落ち葉			
木っこ			
根っこ			
こげたもの			
黒土			
石や岩			
灰			
風化したもの			

①緑の要素を意図的に残している場合が多い
②トップは柑橘のようであったり、白や黄色の花の
　香りを持つ
③発酵をきっちりと止め、キレ良く仕上がっている
　物が多いが、熟成や火入れ等の要素も多く持ち
　合わせる場合もある

清廉の淹れ方と楽しみ方

1　ティーポットを温める
2　150ccあたり約3gの茶葉を入れる
3　沸き立ての熱湯を勢いよく注ぐ
4　蓋をして約1〜2分待つ
　　時間が長くなると渋みが強くなる上に香りも
　　感じにくくなる場合もあるので注意
5　茶葉が大きいなら、あと1〜3煎楽しめます
　　どれくらいでるかはお茶によって変わります

清廉を味わう器

　清廉も香りは蜜系の香り、柑橘や花など清涼
感のある香りなどバリエーションが豊富なので
一様には言えません。ただ、一般的にあまり濃厚
に淹れ過ぎると香りを感じにくくなり、渋みを
強く感じたりします。強い味を想像させると香

りは何故か感じにくくなりますので、ゴツゴツ
した土物の器より、ガラスや磁器などの繊細な
器の方が良いでしょう。

清廉のペアリング基礎

　清廉は紅茶そのものの香りが特徴的で、発酵
度や渋みはそれぞれなので一般論として語りに
くいです。その特徴的な香りのテクスチャをしっ
かり抑えて合わせていきましょう。

和紅茶の様々な淹れ方

　和紅茶そのものを楽しむ基本的な淹れ方は、各
分類毎に記していますが、ペアリングを念頭に
置くと、また淹れ方も変わってきます。

　紅茶の伝統的な淹れ方であるゴールデンルー
ルは、紅茶にミルクを加え、一緒にお菓子を楽し
むティータイムを前提としています。ミルクや
砂糖を入れるのが通常の飲み方で、甘さと相性
が良い淹れ方と言えるでしょう。紅茶をそのま
まストレートで楽しむ中国や台湾などの茶文化
の地域では、ゴールデンルールのような淹れ方
はしませんし、茶葉のセレクトも違ってきます。

　和紅茶は渋みが少ないものが多いのですが、そ
れでも通常の淹れ方では少し濃いめになってし
まいます。甘みや脂肪分が強いお菓子と一緒に
味わう場合はそれでいいのですが、料理の場合
は塩味や苦み、酸味などと紅茶のタンニンが負
の反応をしてしまいます。ワインがそうならな
いのは、ワインには糖や酸が多く含まれている
からです。

　和紅茶も海外の紅茶もですが、食事とペアリ
ングをする場合は紅茶のタンニンが尖らないよ

うに工夫する必要があります。ここでいくつか和紅茶の美味しい淹れ方を紹介します。

減量法

茶葉を減らして時間を長くするやり方です。低温で出すと青みが目立ちやすくなる滋納に向いています。また望蘭は渋みが出やすいですが、渋みは熱湯の場合比較的短時間で抽出されてしまうので、茶葉を減らし時間をかけることで他の味わいを引き出し甘み、コクを抽出する淹れ方です。

通常の淹れ方で、茶葉を半分から3分の2程に減らし、抽出時間を15分程に増やす。

滋納　〇
清廉　×
望蘭　〇

低温抽出法

温度を下げて淹れるやり方です。温度が低いと香りが出にくいとよく言われますが、私の経験上は水出しでも時間をかければ香りは出てきます。トップノートでは感じにくくても、口に含んだミドルノートからラストノートは水出しでも十分に感じます。化学的な仕組みはわかりませんが、水出しで感じやすい香り、感じにくい香りはあるようで、滋納ですとコクのある香りよりも青みを含んだ草のような香りが立ちやすく、あまり向かないものが多いです。抽出時間を極端に長くしたり、茶葉をうまく選べばもちろん水出しのような低温の抽出でも美味しくなる場合があります。

また低温と言っても、85度くらいの温度で抽出する場合もあります。花香の中に青臭さを感じてしまう、新芽の苦みや渋みが出てしまう、香りが甘いのに飲むと甘さを感じない、といった

ケースの場合は少しお湯の温度を下げて淹れてみるといいでしょう。少し温度低めのお湯を使う場合は、水出しと違い抽出時間が短めで良いので、すぐに楽しむことが出来ます。

温度60度〜80度前後の場合　通常の淹れ方で良い。
水出し　水100ccに対し茶葉1g、冷蔵庫で4〜8時間。時間は長くなってもよい。

滋納　△
清廉　〇
望蘭　△

水割り法

紅茶を通常通り抽出し、お水で割るやり方です。水で割る比率は好みで変えられるので、比較的楽なやりかたです。清廉タイプでも、発酵が高いタイプのものは水割り法が有効です。滋納は青臭さがわかりやすくなってしまう場合もあります。

通常の淹れ方で淹れ、一度別のポットに移す。
常温、あるいは冷水に紅茶を加える。比率はお好みで調整してください。

滋納　△
清廉　△
望蘭　〇

さらに細かく
和紅茶の味を変える要素「器」

　写真にいくつかの器があります。一番渋みを強く感じるのはどれでしょう？　答えは一番右の小さい煎茶用の茶杯です。

　使う器によって香りや味の感じ方は変わってきます。理由は様々です。ワイングラスのようにガラスが通常であれば形状や大きさで語ることも出来ますが、陶器や磁器、ガラス、鉄製まで紅茶やコーヒーを飲む器は素材も様々で、その要素も関わってきます。

　そして何度も書いているように人によっても感じ方が変わってきます。が、10人の人に写真の3種類を用意し、一般的な紅茶を飲んでもらえば10人のうちの8〜9人は一番右と答えます。

　一番右は玉露などの高級煎茶を飲むように作られた器です。味わいをより感じやすい形状にしてあるのでしょう。うま味のある玉露、煎茶であればそれをより楽しめますが、苦渋味がメインとなる紅茶の場合、その苦渋味を強く感じてしまうという訳です。

　このように、器によって紅茶の印象は変わります。しかし、成分は当然同じです。という事は、タンニンの多い紅茶を合わせたい、しかし渋みを感じて欲しくない、という時は淹れ方で調整

も出来ますが、器を工夫することで微調整も可能ということです。

● 口が広く、反っていない器

　このようなタイプの器は、飲むときに口が横に開きます。口の中でも、液体は広がりやすくなり、舌の裏、頬の内側にも液は行き渡ります。この部分には味を感じる器官は少ない、あるいは存在しないのですが、刺激である渋みは感じます。口の中に行き渡り、温度も体温近くに変わるので味は濃厚に感じ、相対的に渋みも感じやすくなります。渋みが少なく、甘い印象もあり、テクスチャ的に果実感などの熟成感のある香りと相性が良くなります。

● 口が細く、外側に反っていない器、
縦長の器

　口が細いと、飲むこちらも口は広げず、すぼめて飲むことになります。そうなると、口の中に入る量はすくなめ、一般的には口にとどまる時間も短めになります。重厚な味は感じにくくなり、爽快感を強調しやすくなります。

細長で反っていないカップは飲む方も口を狭める

茶液は細く勢いよく口の中に入っていく

茶液は口に広がらず舌の上を流れていく

● 外側に反っている、生地が厚い器

　唇や舌の先が器の下にはいり、そこを液面が流れていきます。必然、液の流れは口の中には広がらず、舌の上を通って喉に流れて行きやすくなり、渋み、苦みを感じにくくなります。生地が厚いと濃厚な味の期待値が高まるので、発酵が高く渋い紅茶はマイルドに感じます。渋みは強いが発酵は浅く清涼感を伴った清廉タイプの紅茶は、外側に反って生地が薄い方がより繊細さを感じやすくなります。

外側に反っている生地が厚い器

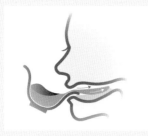

反っていて厚いと舌先に乗らず、
勢いよく紅茶が入ってくる。唇にも当たらない

● 口が反らず低い、あるいは内側に反っている器

　飲むときは口をより大きく広げ、歯形を取る時のような口の形になります。唇同士も開き、液面も広がって入るため、より多くの茶が口の中に広がります。玉露や日本酒にこのような器が多いのは、よりうま味を感じやすくする為でしょう。重厚な赤ワイン用の器もこのような口の形になります。

　甘みなどの味わいをしっかり味わって欲しいときは有用ですが、和紅茶の場合は滋納とあんこ系の和菓子との組み合わせなど、やや限定されてしまいがちです。渋みをほとんど感じず、蜜系の甘く濃厚な香りを持った和紅茶があれば、その魅力がより引き立ちます。

内側に反っていると唇や舌先付近に
落ちるように広がっていく

底が浅いカップは広がりながら入ってくる

● 口が外側に反り、生地が薄く、なだらかに広がる器

　いわゆる我々が一般的にイメージするティーカップです。スムーズに茶が流れ、舌先と唇の上を通過するため、渋みは感じにくく、フレッシュ

な香りを感じやすくなります。

　私がイギリスに行ったとき、町中でこのようなカップで紅茶を提供されることはほとんどありませんでした。伝統的なホテルのアフタヌーンティーでも、実際に提供されたのは厚手で無地のマグカップのような直立型のカップです。

　しかし、一般的にはアフタヌーンティーやクリームティー（スコーンと紅茶のセットのこと）の場合は、アッサム系の濃厚な紅茶にミルクを加えて飲みますので、こちらのカップの方が相性が良いのです。

　一般的に我々がイメージするティーカップはダージリンや、クオリティーシーズンのウヴァなど、香りを引き立てたストレート向けのタイプの紅茶と相性が良く、普段の紅茶というよりも、より高品質な紅茶を楽しむ場面で役に立つものです。

　もちろん、価格や耐久性なども関わっているのでしょうが、香味の視点から見ても、普段の紅茶、特別な紅茶でイギリスの人達は最適なものを選んでいました。お菓子とのペアリング同様、器もまた「文化として根付いたものは最も適した組み合わせが選ばれる」という事を再確認しました。

外に反っていて生地が薄い器

生地が薄く反っていると、口をあまり大きく開かない

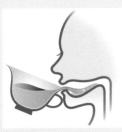

反っているので、舌先の少し奥を細く流れていく

コラム　ラーメンスープの美味しい飲み方

　知人のシェフが佐賀で開催された講演で「九州の女子なら豚骨ラーメンはレンゲでなく丼からそのまますすって下さい。その方が甘く感じます」とおっしゃっていました。その後、ラーメン屋を営む友人に丼で飲んだ方が美味しいと思うかどうか尋ねたところ、「そりゃもちろん、丼から直接飲んだ方が美味しいよ」という返事でした。ただ、理由までは聞いてもはっきりとはわかりません。

　以前実験したことがあるのですが、辛いスープの場合ほとんどの人はレンゲを縦にして先の方からすするように飲みます。コーンスープの様に、明らかに甘みやうま味のありそうなスープはレンゲを横にして口の中に広げるように飲み、味わいます。

つまり、辛そうなものは細く舌の上を流すように飲んでいきます。熱いうちは特にそうでしょう。うま味や甘みを強く感じ、それに警戒感や違和感が無い場合はそれを口いっぱいに行き渡らせたくて、レンゲを横にして飲みます。

丼で飲む場合はやはり口を横に広げます。さらに、口に入ってくる量もレンゲより多く、厚みや重みはコク深い味わいを期待させ、それに見合った濃厚なスープが口の奥の方に多く入り、よりコクを感じます。

普段何気なく使っているレンゲでも、人は無意識のうちに味によって飲み方、食べ方を変えているのです。器を選ぶときも、それが自分の口の中にどうフィットするか考えてみるといいですね。

 コラム 経験、心が喜ぶ
ペアリングとサービス

これは以前私が実験していたときに気がついたことで、同じ事を考え、発見した、という人を時々SNSなどで見かけるので私の勘違いではないと思うのですが、イギリス式のミルクティー（濃いめの紅茶に温めていない牛乳を注いで飲むスタイル）は、とんかつやハンバーグによく合います。最初はメニュー提案の為に比較として用意したのですが、普通に肉に合うと言われている紅茶より、イギリス式ミルクティーは非常に相性がよく、そこに同席していた当店のスタッフもレストランのスタッフも驚いたものでした。

しかし、いくら相性がよくてもランチのハンバーグ定食にミルクティーをおすすめするべきか？　と言えばそうはならないでしょう。私もレストランでとんかつランチにミルクティー付けますか？　と聞かれても「要りません」と応えるでしょう。実際にそのペアリングの相性の良さを体感したことのある私でさえ！

理由は特にありません。理屈、経験で良いペアリングと言われても、やはりハンバーグにミルクティーは嫌なんです。

ワインの世界では、「いくら相性が良かったとしても料理に甘いワインを合わせるのは恥ずかしいことだ」という暗黙のルールがあると言います。格式なのか、プライドなのか、一度作ったワインビジネスのスタイルを壊して欲しくないのかは分かりませんが、とにかくそういう感覚はワインの素人の私でさえ感覚として理解出来ます。

紅茶のペアリングは非常に奥深く楽しいのですが、実際に家に招いた友人やお店のお客様に楽しんでもらうという場面になれば味覚だけの問題ではありません。寿司に緑茶は合わないという話は何度もしましたが、では代わりに紅茶を出して、寿司のカウンターにティーセットが並べられた場合、例えこちらの方が魚の臭みを良く消してくれます。と説明を受けたところで受け入れられないでしょう。

その為には今からあなたは新しい経験をするのだよ、という心のスイッチを切り替える為の一工夫が必要です。ペアリ

ングは食事を楽しくしてくれます。しかし、食事はそれだけで決まるものでもなく、意外な組み合わせであればあるほど、相手と共に歩む姿勢というのが問われるわけです。

器や出し方の工夫も重要ですが、そういう意味では和食や地元の素材を使った料理なら、和紅茶は合わせやすいでしょう。お寿司に紅茶がおすすめ、と言いたいとき、そこにセイロンティーとカップ＆ソーサーが出てくるよりも、和紅茶が陶器で出てくる方がお客様は受け入れやすいでしょう。そこで、「これは焙じ茶ではなく、地元で作られた紅茶なのです。こちらの方が食後にさっぱりしますので」と言葉を添えれば、お客様は喜んでくれるはずです。

 背景で合わせるペアリング
―より奥深い上級のペアリング―

25ページでも紹介したエピソードですが、ソムリエの知人とペアリングの話をしている時に、「ヤギの乳を使ったチーズで素晴らしいペアリングというのは、ヤギの育った環境、爽やかな牧草の香りが漂う光景が目に浮かび、「ああ、これは美味しい草を沢山食べて、元気で健やかに育ったヤギの乳を使っているんだなぁ」と思えるのが良いペアリングと言われています」という話を聞きました。

なるほど、お酒が苦手なりにチーズとワインのペアリングに挑戦して、当時理解不能だった部分にちょっとだけ合点がいく瞬間でした。

ペアリングを楽しむという事は食を楽しむということ。そして食は必ずその食材の背景、文化、記憶があってはじめて単なる栄養的美味しさから感動へと昇華します。

その知人が食事にワインを合わせる場合、単に臭みを切るだの香りを引き立てる云々だけではなく、「ここの山って意外に海から近くて行き来が頻繁じゃないですか？　郷土料理に海と山の要素が混じり合っている。だからそれに似た産地のワインを選んだんです」というように、それぞれの背景を思い浮かべながらペアリングしていくのです。なるほど、そう言われれば先ほどのチーズとワインの組み合わせもマニュアル通りに自宅で合わせてみた時は、当時の私は青臭くてよく分からないな、と思っていたのですが、「牧場にある新鮮な牧草の香り」になると言われれば確かにその通り。もし私がチーズが大好きで何度も牧場に足を運び、牧草の香り、山羊たちが暮らす山々の香りにわくわくしているのなら、単に「なるほどね」という理解ではなく、心の中に自然いっぱいの山々が現れ、感動に浸ることが出来たでしょう。

このように、海のものには海に近い物、深い山のものには深い山の物、暑い場所、寒い場所、時間が経った物、偶然出来た物、労働者が住んでいた町、女性を大事にする風土、よく似た音楽を持つ場所、風の吹き方が似ている場所、等々、そのような食材が持つストーリーで合わせ、そのストー

リーと感覚を共有出来れば、よりペアリングは楽しく奥深くなります。

コラム ワインとの共通点と相違点

紅茶のペアリングを考える際、ワインのペアリングは参考になります。それは両方ともタンニンを含んでいる為です。赤ワインに合う料理は発酵度の高い紅茶に、白ワインに合う料理は発酵度の低い紅茶を合わせるのが基本です。

ただ、ワインの場合は紅茶に含まれない別の成分があります。糖、有機酸、アルコール等です。特に有機酸の存在はワインと紅茶のペアリングに大きな違いをもたらしています。

生牡蠣を食べる時、日本酒やワインに合わせる場合に、生牡蠣にレモン汁を使って楽しむスタイルを良く見ますが、ストレートで飲む紅茶の場合は糖と酸がないのでレモンは合いません。もし紅茶を合わせたい場合はレモンの代わりに生姜醤油等で紅茶の重合タンニンに合う形に調整する必要があります。

酸味に酸味を合せるとうま味や甘みに感じたり、増幅させる効果があります。レモンを使い、海産物の香りをよりよい方向に引き上げ（テクスチャーの項参照）、酸味はワイン、日本酒のもつ有機酸で心地よさに変わります。若干含まれる糖も酸

味を和らげるでしょうし、味わいも広がるでしょう。レモンは牡蠣の臭みを取る効果もあると言われますが、個人的には新鮮な牡蠣でしかそのような食べ方はしないので、臭みを消すという消極的な理由だけではなく良い部分を引き上げる効果の方が高いのだと考えています。状態が悪く、臭みのある牡蠣で先程のペアリングを行えば、さらに臭みを増してしまうはずです。

では、もし美味しい生牡蠣が手に入ったとして、あなたがアルコールに弱い人間であればどのような組み合わせが考えられるでしょう。

お酒と同じく、レモンを搾って牡蠣を食べる。最初の一口だけレモンの香りと酸味を強く感じ、その後新鮮な牡蠣の磯の香りとミルキーな食感、新鮮なので重厚で独特なうま味は少し控えめに広がるでしょう。レモンは表面にしかないので、しばらくすれば温度の上昇も手伝って磯の香りとうま味がくどく感じるようになってきます。この文を打ち込んでいる時点で、すでに私は白ワインを飲みたくなってきました。でも残念。私はアルコールに弱い。発酵の強い紅茶では臭みは消しますが、うま味を切りすぎて余韻が楽しめませんし、酸味と反応して雑味になってしまいます。緑茶はさらに臭みを増してしまうでしょう。せっかくの新鮮な生牡蠣、口の中で煮えてしまっては意味がありませんので常温に近い温度の和紅茶。生牡蠣（白い魚介類）とレモンというフレッシュな組み合わ

せですので、テクスチャーに照らし合わせれば、白か黄色、ピンク辺りの果実感のある和紅茶を合わせると良さそうです。

　レモンを少し多めに絞り、紅茶にほんの少し甘みを付けるとレモンティーの様になって調和しそうです。わずかな甘みでも酸味とタンニンの悪い効果は遮られます。砂糖は使わず、果汁を使えばさらにいいもしれません。糖は複雑になり余韻に奥行きを作り、果実の酸はレモンの酸味をさらに美味しくしてくれます。少しのマスカット果汁、キウイ果汁などの白、黄色、緑系のフルーツが合いそうです。（75ページを参照。）

　いや、あくまでストレートの紅茶でいきたい、という方もいるでしょう。気持ちはよく分かります。糖も酸も加えない紅茶でペアリングするのなら、

　渋み→酸味と合わない
　発酵の浅い紅茶→臭みを引き立ててしまう。

　上記の2つをクリアするために、緑茶品種を使った発酵度やや高めの紅茶を、常温で楽しんでみましょう。

　なるほど、合わない事はないと思いますが、牡蠣の香りをより引き立て、さらに美味しくする相乗効果はほぼ無さそうです。臭みを切り、うま味を切り、全てを切った後には微かな渋みが残るだけ。野武士と斬り合っているような殺伐としたペアリ

ングです。

　紅茶を変えたくなければ料理の方を少しアレンジしてみましょう。レモン汁だけではなく、生姜醤油なら合いやすくなります。紅茶は同じく発酵高めの和紅茶を薄めに、あまり高くない温度で楽しめば牡蠣のうま味も長続きします。

　調味料や糖分が入っていない醤油なら少し雑味を感じるかもしれません。紅茶に甘みを加えたくなければ調味料にさらに甘みの要素を加えるか、柑橘の酸を抑えめにすることで雑味は感じなくなります。

　このように、ペアリングに慣れてくればお茶の方を変えたり、逆に料理に加える調味料を少し変えることで自在に調整が出来るようになってきます。

コラム　温度帯と味覚

　ほとんどの味覚成分は強く感じやすい温度が存在します。そして多くの場合は体温に近くなるほど強く感じます。強く感じる＝美味しく感じるではありませんので、料理との相性を考えながら最適な温度で楽しめれば最高です。

　紅茶が冷めると渋く感じるのは、渋みがよりわかる温度に下がってきたという事であり、紅茶の渋みは温度が高い方が分かりにくくなります。

渋み、辛みが味覚ではなく触感や痛覚であるように、冷たさ、熱さというのもまた一種の痛覚になります。体温より一定以上熱すぎたり冷たすぎると味覚も麻痺してしまいますし、熱さは辛みを増幅させます。

コラム　香りのラベリング

　香りに含まれる様々な要素を、分解し、紐付けして記憶していくことをラベリングと言います。例えば、私は紅茶が専門ですので、紅茶の香りの中に、品種由来の香り、産地から来る香り、製造にミスがあった時の香り、熟成が進んだ時の香り、新鮮すぎる時の香り、管理が悪かった時の香りなど様々な情報を香りで受け取ります。しかし、コーヒーに関して全くの素人ですので、コーヒーの香りはほとんどどのようなものを嗅いでも「コーヒーの香り」としか認識出来ません。コーヒーのプロは逆に「品種が珍しい」とか「こういう風に焙煎したか」とか「こういう環境で保管されて、こういう風に焙煎したんだな」という様々な情報を香りから受け取る事でしょう。

　ワインでも日本酒でも同じことが言えます。単なる「紅茶の香り」「フルーティーな香り」といった感想から、様々な条件で香りを覚えていくと、我々専門家が使う「萎凋香」「揺静の香り」「過発酵」「蒸れ香」「硬葉臭」「酸化臭」と言った製造工程で起こった事などが香りの中で分解出来、製造中に何が起こっていたかを予想することが出来ます。

　私の場合、娘が生まれ、成長していくと様々な香りを覚えさせようと、散歩しながら花を見かける度にこれは「バラの香り」「これは百合の香り」と覚えさせていきました。ちょうど紅茶に使う良い香りの花を探していた時期でもあったので、何か花を見かける度に香りを嗅ぐ癖がついてしまいました。

　すると、あるとき、ドアを開けて外に出た瞬間「ああ、冬の香りだな」と思いました。が、その香りの中に枇杷の花の香りが含まれていることに気がついたのです。この近くに枇杷なんてあったかな？　と探してみると、自宅の隣にあるお寺に枇杷の木があり、そこに沢山の花がついていました。今まで「季節の香り」は感覚的に捉えていましたが、その中の1つの要素を脳が認識した為に、それを嗅ぎ分ける事が出来たのです。実際には乾燥したアスファルトであったり、枯葉であったり、他の植物や花など、沢山の要素が絡み合っていることでしょうが、私はそのうちの1つをラベリングして感じ取れました。今は風向きさえ合っていれば数十メートル離れた沈丁花やオシロイバナの香りはすぐに分かります。

　ラベリングを沢山身につけていくと、紅茶の様々な情報が受けとれるようになる反面、特定の香りを非常に強く感じてしまうようになります。そして、その敏感に感じる香りは主に、その人にとって不快

な香りであることが多いです。

　枇杷とは逆に栗の花は私にとって不快
な香りです。栗の花が咲く時期はいつも
憂鬱になります。家3〜4軒分くらいの距
離なら私の鼻はすぐに栗の花の香りを感
じ取り、沈んだ気分になります。
　これは私が子供の頃、すごく具合が悪
かった時に栗の花の匂いを強烈に感じて
いた事と結びついているのかもしれませ
ん。今となっては気分が悪くてその匂い
が嫌いになったのか、匂いが嫌いで気分
が悪くなったのか分かりませんが。

　お茶の場合も、酸化臭など、一般的に製
造の欠点によって出来た香りは、一度学
習してしまうと、恐らくは無意識にそれ
を脳が探してしまいます。
　紅茶のテイスティングや鑑定を学びた
いという人は沢山いますが、学びすぎる
と素直に楽しめなくなるのも事実。
　色んな花や自然の香りを感じ、日常生
活や嗜好品の中にその香りを感じとれる
ようになるのが一番気持ちのいいことと
思います。

第 5 章

実践編

クレソンと初夏のサラダ×
月ヶ瀬べにひかり

爽やかな初夏の野菜達にオリーブオイルと柑橘の心地よいソース。辛み、苦みをしっかり感じるのに爽快な心地よさを感じるサラダでした。クレソンの辛みを中和する奈良県で作られたべにひかりという品種の紅茶を使いました。辛み、苦み、清涼感のバランスが春から夏の恵みを思わせる紅茶です。望蘭の力強さと清廉の香りを持ち合わせる紅茶ですが、お湯の温度を下げず、時間を短めに淹れて急冷することで清涼感の方を引き立てました。飲むときは温度を低くしています。

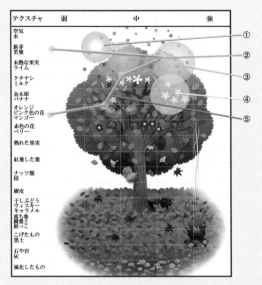

テクスチャ	弱	中	強
空気			
水			
新芽 若葉			
未熟な果実 ライム			
クチナシ ミルク			
金木犀 バナナ			
オレンジ ピンク色の花 マンゴー			
赤色の花 ベリー			
熟れた果実			
紅葉した葉			
ナッツ類 枝			
樹皮			
干しぶどう ウィスキー キャラメル 落葉 腐葉土 枯葉・蒸らし			
こげたもの 黒土			
石や岩 炭			
風化したもの			

①キュウリなど
②葉野菜達
③オリーブオイル
④柑橘
⑤月ヶ瀬べにひかり

月ヶ瀬べにひかりはしっかり淹れると、もう少しオレンジ系の要素を持ちますが、同時に青く鋭いメントールの要素も強くなり、山が2つあるような変わったテクスチャになります。

辛みの中にはいくつかの種類があります。唐辛子の辛さ、マスタードの辛さなど。

ワサビなどの辛さを、何故かメントール系の香りを持つ紅茶は中和してくれます。メントールの香りを持つ紅茶は海外ですとクオリティーシーズンのウヴァ、台湾の紅玉などがありますが、それらも程よく淹れればワサビなどの辛みを消してくれます。

前述したように、基本的には辛みと紅茶は合いません。

しかし、ワサビ系、大根や玉ねぎ系の辛みは、メントールの要素を持った紅茶だとその香りを中和してくれます。メントールも三叉神経で感じ

ますので、痛みのはずなのですが、沈痛効果などもありますのでそれで辛みを和らげるのでしょうか？　しかし、唐辛子の辛みやマスタードの辛みは取ってくれません。

春から初夏にかけての野菜は苦み、辛みがあります。その若々しい香りと渋みは刺激的で、ホットの紅茶には全く合いません。

熱湯で少し濃いめに出したメントール系の紅茶を、氷で急冷し爽やかなお茶に仕上げました。
噛む度に口に広がるクレソンの辛みを紅茶が中和し、発酵度の浅い紅茶ですので、フレッシュさは保ったままバターや白ぶどうの余韻にしてくれながら消えていきました。

海外では肉料理によくクレソンが添えられるそうです。日本で言えば大根おろしやかいわれ大根を添えるイメージでしょうか？　ステーキにワサビを添えるように、何故か辛みが欲しくなるようです。消化を促進するための知恵でしょうか？

酸味とのペアリング

金柑のスパイスとワインのキャラメリゼ×
鳥取紅茶べにひかり＋王林

　肉料理のお口直しに頂いた、金柑のスパイス
ワイン煮。金柑の花が添えられています。金柑と
ワインの酸味、花の強い苦み、キャラメリゼされ
ているので焦げの苦み、そして強い甘みもあり
ます。ステーキの後に頂き、ワインを飲めばきっ

とすっきり爽快になることでしょう。
　紅茶の場合は、例え水出しにしてもこの強い
酸味とは合わないでしょう。実際に、色々試して
も美味しい組み合わせを見つけることは出来ま
せんでした。

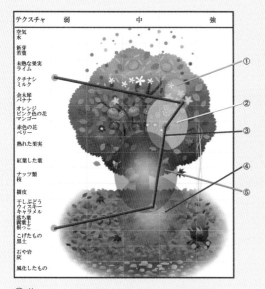

テクスチャ	弱	中	強
空気			
水			
新芽			
若葉			
未熟な果実 ライム	①		
クチナシ ミルク			
金木犀 バナナ		②	
オレンジ ピンク色の花 マンゴー		③	
赤色の花 ベリー			
熟れた果実			
紅葉した葉			
ナッツ類		④	
枝		⑤	
樹皮			
干しぶどう ウィスキー キャラメル 落葉まるごと 腐葉土			
こげたもの 黒土			
石や岩 灰			
風化したもの			

①花
②金柑
③鳥取紅茶べにひかり×王林
④赤ワイン
⑤シナモン

　そこで、少しアレンジをしました。王林のりんごジュースをほんの少し、量にして約5分の1程度加えると、それはもうバッチリと相性が合うようになりました。

　紅茶は赤ワインやシナモンのテクスチャに合わせて鳥取紅茶のべにひかりを合わせました。そこに若干の果汁を加えます。基本的にジュースはペアリングにあまり合いません。糖度が高いのが原因と思われます。次の一口が美味しい、とはならずもうお腹いっぱい、となってしまうのです。

　紅茶と合わせると、単に薄めたジュース、とはならずに香りとタンニンを保ちながら料理に程よいアレンジティーを簡単に作れます。

　ジュースは糖度10くらいあります。アレンジティーで食事に合う糖度は2〜4%です。シャンパンの糖度は2%、ビールが3%程度と言われていますので、1つの参考になるでしょう。もちろん、甘さの感じ方は温度や酸味や苦みのバランスで変わってきますので、あくまで参考として

おいて下さい。ジュースをアイスティーで4〜5倍に割るのは、簡単なペアリング用のアレンジとして使えます。ぶどうジュースを割ると肉料理に合いますし、みかんジュースはオリーブオイルを使ったフレッシュな料理に合わせやすいです。もちろんベースの紅茶の選択は重要ですが、テクスチャマッピングを参考に同じような位置にある紅茶を選べばそうそう失敗はしないでしょう。

　個人的にはちょっと果汁を加えたこのようなアレンジの方が様々な食事に合うと思っていますが、紅茶の専門家をやっていると、ついシンプルな紅茶を合わせたくなってしまいます。

　皆様は自由な発想でペアリングを楽しまれて下さい。

ゴボウと鶏肉のワイン煮 ×
南薩摩べにひかりファーストフラッシュ

　苦みの中で、土に近いものが持つ苦みは、紅茶の得意とするところです。

　ゴボウの土っぽい香りに、煮詰めたワインと鶏肉。鶏肉はやや若々しい香りのはずですが、ワインのソースで煮込まれ、ゴボウで包まれること　によって全体の雰囲気を和らげながらうま味を増幅させる役目をになってくれています。しっかりと発酵の進んだこの和紅茶はぴったりと香りが合ってくれました。

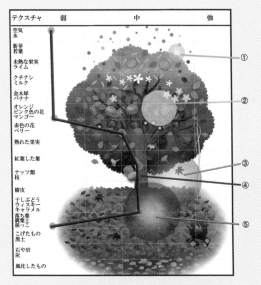

①フェンネル
②鶏肉
③赤ワインのソース
④南薩摩べにひかりファーストフラッシュ
⑤ゴボウ

　この南薩摩べにひかりは発酵が強く、品質的に見れば過発酵気味の紅茶です。単体では使わず、ブレンドの時に重宝していますが、この強い発酵から来る土のような香りと重みのある味わいがこのような時に活躍します。ここに少し若い紅茶を合わせると、ゴボウと鶏の臭みを少し感じましたので、ゴボウを土に埋め直すイメージで、しっかりと発酵の進んだ紅茶を選択しました。

　私がよくやるアレンジですが、南薩摩べにひかりファーストフラッシュににがりを一滴加えました。そうすることで、苦みとの相性が良くなります。

　同じ生産者が作る紅茶で、べにふうきを使った紅茶がありますが、こちらは渋みが強く若い発酵をしているので、ゴボウが茎臭くなり、うま味も消えてしまいました。

　発酵がしっかり進んでいるようでも、どこかに

フレッシュなハーブや若草の香り、花のような香りが隠れている紅茶はよくあります。それらは紅茶単体で飲むとその複雑な要素が絡み合って非常に美味しいのですが、ペアリングの場合、その複雑さが思わぬ反応を生みだすことがあります。ほんのり上品さを演出していた百合の花のような香りが、鶏肉と合わせた途端に肉の臭みを感じさせてしまったこともあり、逆にそれによって初めてその紅茶に隠れていた香りに気がついたりすることもあります。

　香りの重複による人間の感じ方、それに嗜好が関わってくると非常に複雑でペアリングが面倒に感じることもありますが、基本は料理の素材そのものより、その味付けに焦点を当ててペアリングしていくとうまくいくと思っています。

　ソースや味付けは料理人がその素材にこうあってほしい、という想いが込められています。濃厚なソースのかかったステーキであれば、より濃厚さを感じてほしいはずなので、ソースの香りを引き立てるものを。

　シンプルな塩味であればその素材そのものの香味を味わってほしい、ということでしょうから、素材の香りをより引き立てるように考えるとよいでしょう。

お花のポテトサラダ×
伊万里ファーストフラッシュ

お花が散りばめられた可愛いミニサラダ。サイズは小さめですが、存在感が強く、ボリュームを感じる料理です。お花の部分には春の新鮮な苦みが感じられ、ポテトサラダの部分はマスタード、ハーブが入っており辛み、苦みも隠れています。

このような若いタイプの苦みは、紅茶の渋みと悪い意味で相乗効果を起こすことが多く、舌を刺すような鋭い苦渋味になりやすいです。

まずはお花と同じテクスチャを持つ紅茶を探してみます。今回はバラのように赤く濃いお花ではなく、若々しい花々ですので、紅茶もそれに近いものをまずは選びます。

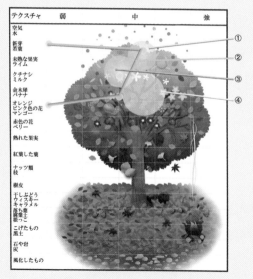

テクスチャ	弱	中	強

空気
水
新芽
若葉
未熟な果実
ライム
クチナシ
ミルク
金木犀
バナナ
オレンジ色の花
マンゴー
赤色の花
ベリー
熟れた果実
紅葉した葉
ナッツ類
枝
樹皮
干しぶどう
ウィスキー
キャラメル
落葉
腐葉土
枯葉
こげたもの
黒土
石や岩
灰
風化したもの

①ハーブ類
②伊万里ファーストフラッシュ
③エディブルフラワー
④マスタード、ポテトサラダ

香りを引き立てつつ、苦みは出さない茶葉の選択と淹れ方をします。

同じ若い苦みを持つ伊万里紅茶の春摘みで苦みの性質を揃えました。柔らかく出るように沸かしたお湯を2〜3分放置します。こうすると温度がわずかですが下がり、PHもアルカリ性になるためマイルドな抽出になります。水出しでもいいのかもしれません。

ゴボウの方に合わせた南薩摩べにひかりを合わせると、すごく苦くなってしまいました。同じ苦みでも性質が違い、フレッシュさが失われる事で、良い部分が消えてしまったようです。

また、器も、苦み、渋みを感じやすい料理ですので、厚みがあり、反りの無いタイプの器を使うと紅茶の滞留時間が長くなり、渋み、ざらつき、の方を強く感じてしまいますので、さらりと紅茶を飲める繊細なラインで反りのあるタイプのティーカップが合いました。

佐賀県の伊万里紅茶はフレッシュで、春の若葉をかじった時のような苦みと渋みをもっています。もちろん、それは紅茶として心地よい上品な渋みで、製造不良による雑味ではありません。

正直、日本の緑茶用品種で、なぜここまでシャープな渋みを持った紅茶ができるのか私にはよく分かっていません。

苦みは苦みで中和することができますが、チョコの苦みと新芽の苦みは、苦みの性質がかけ離れていて別々のものと判断され、余計に苦くなる時があります。豆には豆の苦み(チョコにコーヒーなど)、新芽には新芽の苦みを合わせることでそれを美味しいものに感じさせることができます。

苦みは人間の味覚の中でも、特に感じやすく、またその種類も多い方と言われています。それは、おそらく苦みがアルカロイドなどの毒物を判断するのに役立つ為、敏感になっているのだろうといわれています。苦みには健胃作用などもあり大人は排出の為に苦みを好むようになりますが、その必要のない子供が野菜の苦みを嫌がるのは、好き嫌いやわがままでは無く、健全なことらしいです。

苦みも程よく、複数重なることによって、我々毒にまみれた大人にとっては美味しいものになりますが、以前、個人的な実験でジャガイモの芽の苦みと別の苦みを合わせてみたことがありましたが、どれも美味しくはならず、ちゃんと(?)飲み込めないくらいまずくなりました。本当の毒は多少のペアリングでも心地よくならないようです。

魚料理に合わせる

　魚料理、特に火を入れていない生の魚を使った料理は、魚の鮮度によって大きくペアリングは変わってくるようです。港に近く、輸送や店内での保存状態が良い環境で食べられる場合は、魚の臭みの心配はあまりせず、良さを引き出すような組み合わせが良いでしょうし、通常の飲食店であれば残念ながら少しは出てしまう魚臭さを引き出してしまわないような工夫が必要になります。

鯛のカルパッチョ×
杵築（きつき）紅茶べにふうき・そうふう

　カルパッチョ系は、酸味とオリーブオイルなどの爽やかさがあり、紅茶と合わせるのに気を遣う料理でもあります。
　発酵度の高い紅茶で臭みを消す方法もありますが、爽やかさも消してしまったり、酸味と悪い

反応をしてしまって後味が苦渋く、香りも腐敗臭に感じてしまうこともあります。
　さっぱり感を活かすために飲むときの温度は低めがいいでしょう。

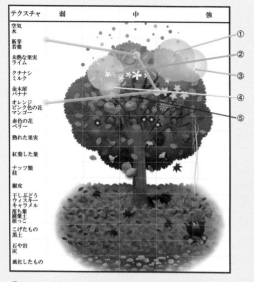

テクスチャ　　弱　　　中　　　強

空気
水
斬草
若葉
未熟な果実
ライム
クチナシ
ミルク
金木犀
バナナ
オレンジ
ピンク色の花
マンゴー
赤色の花
ベリー
熟れた果実
紅葉した葉
ナッツ類
枝
樹皮
干しぶどう
ウィスキー
カラメル
落ち葉
腐葉土
根っこ
こげたもの
黒土
石や岩
灰
風化したもの

①オリーブオイル
②白身魚
③シークワーサー
④花
⑤杵築紅茶

　今回ペアリングしたのは大分県の杵築市で作られている紅茶。2品種をブレンドすると、春の野の花の香りになりました。

　やぶきた系の若草のような香りを持つ和紅茶ですと、わずかに隠れている魚臭さを活かしてしまったため、柑橘の香りの方を一気に強調させるように調整しました。大分県の杵築で作られているべにふうきの紅茶は鋭い渋みもありますが、グレープフルーツのような柑橘の香りも持ち、さらにそうふう(そうふうという名前の品種で作られた和紅茶)は、花や蜜の甘い香りを持っているため、即興でブレンドして合わせました。

　結果、柑橘やオリーブオイルの香りにスパイシーさと甘さが優しく加わり、全体が菜の花の香りになりました。

　べにふうきはタンニンが多いので、単体ですと魚の臭みも消してくれますし柑橘も活かしてくれるのですが、苦渋味が強いため、薄めに淹れても酸味と反応して雑味になってしまいます。

　そうふうは甘い香りでうま味を活かしたり、柑橘感をフルーティーにしてくれるのですが、緑茶品種でもあるため、緑っぽさが残っていて、魚の臭みの方も引き上げてしまいましたが、ブレンドする事でちょうど良いところに合わせる事が出来ました。その場でブレンドが出来るのも茶葉で淹れる紅茶の醍醐味ですが、ブレンドする時のイメージも、当然私の中でテクスチャマッピングをイメージしながら構築します。

　私にとっては万能な、仕事に欠かせない図式です。

　グラスはワイングラスです。魚が口の中で煮えてしまうと美味しくありませんので、温度は低めに。酸味、苦みが隠れていますので、長く口の中にあるよりも、すっと流してあげた方が美味しいです。口の中に長く残ると温度も上がって、爽やかさが消え、魚臭さや青臭さ、渋みなどを感じやすくなります。せっかく春の花畑のイメージになったので、春風のごとく通り過ぎるのがいいでしょう。

　魚のうま味の方に焦点を当てたペアリングでしたらもう少し丸みのあるグラスを使います。

鯛のアクアパッツァ×
香駿

アクアパッツァも、もちろん魚が新鮮な方が
断然美味しいですが、一旦火を入れていたり、ワ
インやその他具材によって魚臭みはだいぶ感じ

難くなっています。それよりも、この圧倒的なう
ま味を引き出し、さらに上品にリセットしてい
く方が楽しいペアリングと言えるでしょう。

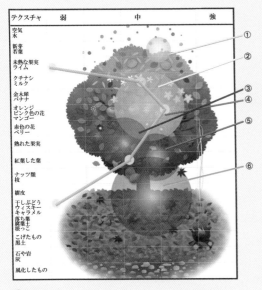

テクスチャ	弱	中	強
空気			
水			
新芽			
若葉			
未熟な果実			
ライム			
クチナシ			
ミルク			
金木犀			
バナナ			
オレンジ			
ピンク色の花			
マンゴー			
赤色の花			
ベリー			
熟れた果実			
紅葉した葉			
ナッツ類			
枝			
樹皮			
干しぶどう			
ウィスキー			
キャラメル			
落ち葉			
腐葉土			
根っこ			
こげたもの			
黒土			
石や岩			
灰			
風化したもの			

①バジル
②白身魚
③トマト
④香駿
⑤海老
⑥スープ

　香駿という品種を使った、静岡県磐田市の紅茶を合わせました。渋みは少ないのですが、通常の緑茶品種と比べると若干力強さがあり、香りに甘い花やかさがあります。発酵も中程度ですので、火の通った白身魚やトマトの香りを引き立ててくれます。

　発酵の強い紅茶で魚の香りをリセットするよりも、良い部分を引き立てるのが今回のテーマで、魚の美味しさがぎゅっと詰まったスープをしっかり活かしてくれました。

　紅茶にうま味はありませんが、香りの甘さはうま味が増したような錯覚を人に起こさせます。タンニンの量と重合度は白身魚の料理ですので最低限でよく、香りと爽やかさを引き立てるような淹れ方が大事になってきます。

　香りと味、お互いに作用しあっているのは皆さんご存じでしょうが、ペアリングを試していくと自分たちが思っている以上にその影響は大きいことがわかってきます。

　紅茶は基本的にうま味成分はそれほど持っていません。うま味成分が多いと製造時に発酵がうまく進まず品質が落ちるからです。ただ、渋みが穏やかだったり、香りに甘みが含まれていると、甘みやうま味を感じ、料理と合わせた時に香りに一体感が出ると、うま味が増したように感じます。

　今回使った「香駿」や「かなやみどり」といった品種の和紅茶は、味はマイルドで甘みを感じ、香りもミルキーな香りを持った仕上がりになるケースがあります。そのような和紅茶を使うと、ジャガイモを使ったサラダやコロッケなども甘みが増したように感じますし、魚や米のうま味が増したように感じさせることもあります。

　注意点としては、そのミルキーな香りが白身魚やお米の臭みも引き立ててしまう場合があることです。品種のもつミルキーな香りだけに焦点を当ててしまうと、そこに気が付かないことがありますので、品種だけにこだわらず、その和紅茶と料理の持つ様々な要素を感じながら茶葉のセレクトや淹れ方を考えるといいでしょう。難しいようですが、馴れれば自然にできるようになります。

カツオのタタキ×
芦北春紅茶

　魚の表面をあぶったタタキ。香ばしさを引き上げるか、赤身の癖のある感じをマスキングするか。迷うメニューではあります。

　しかし、タタキもそれだけを食べる場合は少なく、そこに生姜醤油やポン酢、土佐酢などがセットになる場合がほとんどでしょう。その部分との相性を考えると合わせやすくなります。

　生姜醤油で臭みを抜いている場合は逆に生姜の辛み。ポン酢、土佐酢などの場合は酸味との相性を考えるといいでしょう。

　今回合わせたのは芦北春紅茶。品種はべにふうきです。べにふうきという品種は、特に九州で作られたものはツンとしたスパイスの感じが出やすく、それが今回の薬味の効いたタレとよく合いました。

　カツオのうま味を活かす甘い蜜系がいいかも、と考えたのですが、若干の魚臭さが引き立てられてしまう、薬味との相性がばらけてしまう、という事で、カツオに最適に合わせてあるであろ

う、タレと薬味の方に焦点を当てました。辛みもあるので、濃く淹れると紅茶の渋みと相乗効果で口の中が痛くなってしまいます。

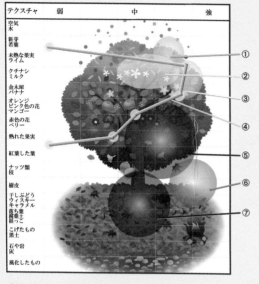

①花、葉などのハーブ類
②サラダ玉ねぎ
③みょうが
④芦北春紅茶
⑤カツオの赤身
⑥赤身の炙られた部分、ごま
⑦醤油だれ

　27、28ページで述べたように、腕のいい料理人は皿の上で料理を完結させるので、余計なものを引き出しすぎないように最低限の注意さえすればいいです。

　写真を見ればわかるように、フレッシュなサラダ玉ねぎと、たくさんの彩りと薬味を兼ねた野菜類がタタキの上に乗っています。下にある素材は最初に（舌に触れるので）味を感じ、上に乗っているものは香りを感じやすくなり、食べていくうちに交じわっていきます。カツオのうま味と醤油ベースのタレの味付けを味わってもらいつつ、香りは薬味で上品にし、食べているうちに野菜達でさっぱりとなっていくイメージで

作られたのでしょう。

　芦北の紅茶に少しフレッシュ感があるので、それを程よく抑制する為に硬水で淹れました。硬水で淹れるとフレッシュな香りは抑制され、味わいも落ち着きます。躍動感が薄れる反面、全体的に落ち着いた香味になり、テクスチャマッピングの地の方に近づけることができます。そうすることで薬味達を少しだけ補い、食べた後のすっきり感が増してくれるようなバランスに調整しました。

マグロのステーキ×
印雑131

　赤身のボリューム、うま味と香ばしさのある
ソース、牛肉のステーキと基本的な考えは変わら
ず、ボディがありリッチな味わいを殺しすぎず、
次の一口が欲しくなるような程よいリセット感
が必要になります。

　スパイスなどが使用されて辛みがあるときは
ちょっと注意が必要ですね。

　今回のソースには、バルサミコ酢が使われて
いました。熟したぶどうの感じ、黒酢的な熟成の
要素などを加味して、印雑131という品種の和紅
茶を使用しました。印雑131は重厚感があり、場
合によっては癖が強く、苦渋味の強いお茶が出
来てしまいますが、淹れ方を工夫すれば、今回の
ような味や香りにボリュームのあるものに合わ
せやすくなります。

印雑131という品種は、アントラニル酸メチルという香気成分を含んでおり、熟したぶどうの香りがします。発酵度も高い方だったので、ワインやバルサミコ酢の香りとも調和しますし、魚臭みも相乗効果で感じにくくなり、ステーキの美味しいソースとよく調和してくれました。

青みがあり、フレッシュな紅茶を合わせると、ソースの酸の部分が尖って感じてしまい、お茶が進みませんでした。熟成感のある紅茶を柔らかく淹れる、が大事なようです。

きたのか？　そんなことを考えながら組み立てていくペアリングの方が私には性に合っているようです。

同じお肉1ｇでも、もともとが小さい鶏と、大きい牛や豚では力強さが違います。魚もイワシとマグロでは大きい体で遠距離を泳ぐマグロの方が力強い。それをイメージしながら組み立てられた料理に、同じく力強さを持ったアッサム系品種由来の和紅茶が合うのは当然と思っています。

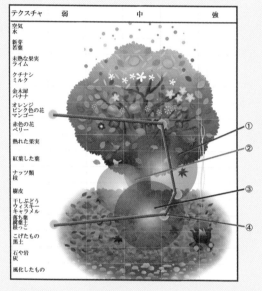

① 焼いたマグロの赤身
② 炒めた玉ねぎ、スパイスなど
③ バルサミコ酢のソース
④ 印雑131

バルサミコ酢のぶどうの香りと、印雑131が持つぶどうの香り成分。こういった共通する性質を持つ香気成分を持つもの同士を合わせるのはペアリングの基本であります。

が、個人的にはあまり色々と成分を調べたり分析はしなくていいと思っています。料理をじっとみて、料理を作った人が何を楽しんでほしいのか？　その素材達がどうやってここにやって

第5章　実践編

料理の甘みとのペアリング

料理の甘みとスイーツの甘みは少し違います。

秋の味覚のかき揚げ×
いずみオータム（1年熟成）

　芋に栗、カボチャ、秋の風味は甘みと香りが豊かで、紅茶とも相性が良さそうです。

　自然な甘みを引き出す為に、砂糖を加えたりするのではなく、素材そのものの甘みを楽しむ事が多いでしょう。

　その中には渋みやアク、様々なものが含まれますので、紅茶が渋いとたちまち甘みは消えてしまいます。

　甘みとは言え、スイーツとは違い、紅茶のタンニンでリセットする必要はなく、豊かな香りと一緒に引き立てるのがよさそうです。

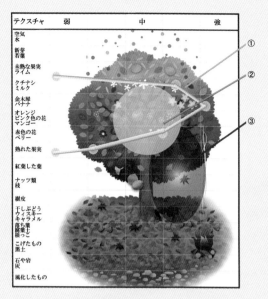

テクスチャ	弱	中	強
空気			
水			
新芽			
若葉			
未熟な果実			
ライム			
クチナシ			
ミルク			
金木犀			
バナナ			
オレンジ色の花			
ピンク色の花			
マンゴー			
赤色の花			
ベリー			
熟れた果実			
紅葉した葉			
ナッツ類			
枝			
樹皮			
干しぶどう			
ウィスキー			
キャラメル			
落ち葉			
腐葉土			
根っこ			
こげたもの			
黒土			
石や岩			
灰			
風化したもの			

①いずみオータム
②芋、かぼちゃなどの秋野菜
③焦げた部分

　いずみ、という紅茶は、茨城県で復活し、話題になった品種で、香りが非常に豊かです。出来たては洋梨のような、フルーティーで優しい香りですが、1年寝かせて丸みを帯び、白や黄色の花の香りを持っていました。

　テクスチャ的には秋野菜のかき揚げより上の方にあるので、香りをリセットではなく引き上げる方の効果を持ち、結果ホクホクした香りがさらに引き立ち、ジャガバターを食べているかのようなリッチな組み合わせになりました。

　白ワインでもあることですが、フルーティーさや花やかさを持つものが好ましい熟成をするとバターやトーストを思わせる香りになることがあります。このいずみも、それに近い変化を経ていて、この料理の味と香りが加わることでさらに芳醇な味わいに変化してくれました。

　さらに、いずみの熟成感を活かすため、ミネラルウォーターで抽出し、カップも直立型にしました。

　ミネラルウォーターで淹れると花やかさが抑えられる効果があり、通常はいずみの特徴が感じにくくて残念になるのですが、全体のバランスは丸みを帯びるためにペアリングに使いやすくなります。さらに、直立型で厚めのカップも花やかさより落ち着いた甘みやコクを感じやすくなるので、結果、いずみの熟成したバター感をより味わいやすくなりました。

秋野菜のオムレツ×
嬉野紅茶ふじかおり

卵の臭みはありません。むしろ、個性的な野菜の味わいを感じやすい料理でした。卵料理は単体で美味しくても、ペアリングを間違うと、急に卵臭さが目立ってしまう場合があり、気を遣うペアリングでもあります。

一般的には発酵度が高い紅茶がよく合います。

具がたっぷりで、野菜の個性的な香りもありますので、これを引き立てすぎず、たまご、チーズ、野菜のうま味をさらに引き立てるのが今回のテーマです。

ふじかおりという品種は、ぶどうジュースに近い香りを持っており、発酵もしっかり進みやすい紅茶です。苦渋味も出やすい品種ですが、うまく作られた紅茶はコクがあり、蜜のような濃厚な甘い香りを持ちます。

うま味に甘い香りを合せると、より強いうま味を感じる性質を利用し、重発酵のタンニンで青さを相殺しつつあっさり淹れる事で渋みが強く出過ぎてうま味を邪魔しないようにしました。

器も厚手でざらつきのある、直立型のカップです。こうすることで、より甘みやうまみを強く感じる事が出来ます。

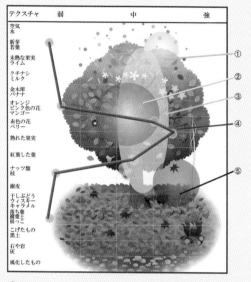

テクスチャ	弱	中	強

①野菜
②焼けたたまご
③チーズ
④ふじかおり
⑤たまごや野菜の焦げ目

今回の本に使っている料理を作ってくれた高岡盛志郎シェフは、野菜料理が得意中の得意。今回のオムレツも地元の野菜がたくさん使われており、一口ごとに表情が変化します。

オムレツでありながら、実は卵は野菜のうまみを引き立てるための脇役なのではないか？　これは野菜料理を実は作っているのではないか？と思わせる印象的な料理でした。

今回使ったふじかおりという品種を使った紅茶は、甘い香りもある一方、キレと重さを兼ね備えた苦渋味もあります。薄めに淹れているとはいえ、若干出てくるこの独特の苦渋味が、個性的な野菜達とうまく調和してくれました。

卵の美味しさには香り、野菜の美味しさには味わいで協調したこのペアリングは、実に苦労した思い出深い組み合わせです。

たっぷりキノコのクリームパスタ×
牧の原ファーストフラッシュ2021

クリーム分にオリーブオイル。脂分をすっきりさせ、キノコの香りやうま味を活かしながら次の一口が美味しくなるペアリングが必要でした。通常なら、きのことクリーム感に調和する甘くて重厚な和紅茶を温度25度位で出すところなのですが、香ってみるとオリーブオイルがしっかりと効いており、予想以上にフレッシュな香りの印象の料理になっていました。

なので、香りの焦点をオリーブオイルの方にあて、キノコやクリームのうま味も強調してくれる、緑の若葉と白い花のような甘い香りを持ち合わせた紅茶、静岡県で作られている牧之原ファーストフラッシュを選択しました。べにふうきという品種を使っており、緑のフレッシュさ、花や果実系の甘い香り、発酵と火入れの重厚さ、すべてを持ち合わせている紅茶です。

ちょっとした仕上げのスパイス、オイルやソースによってペアリングは変わってきます。ペアリングの奥深さと面白さを体験できた組み合わせでした。

　熱湯で短めに抽出。香りだけ引き出して、タンニンはほどほどに。オリーブオイルに合わせるなら薄手で広がったカップでも良さそうですが、味の方は焼いたキノコの濃厚なうま味と調和してほしいので、厚手の直立型の方を採用。

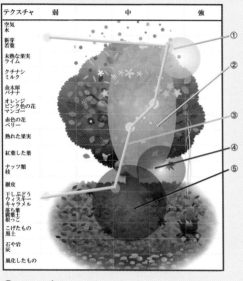

①オリーブオイル
②クリーム
③牧之原ファーストフラッシュ2021
④スパイスなど
⑤キノコ類

　カップが直立型なので、水色が濃いめに見えますが、実際には少し薄めに淹れています。料理の味を完全に消し去ってしまうような濃さではよくないので、減量法の茶葉少なめで抽出しました。ただ、清廉タイプであるこの紅茶は、たとえ茶葉を減らしても抽出時間が長くなると刺すような渋みが出てしまう紅茶でしたので、抽出時間も短くして香りとキレに特化した抽出にしました。

　紅茶とのペアリングも経験を積むと自分の思う香味にコントロールする方法が自然にできるようになります。

第5章　実践編

スイーツの甘みとのペアリング

　先述の通り、お菓子と料理ではペアリングの注意点が違います。スイーツは甘さが強いのが基本ですので、伝統的な紅茶の淹れ方でぴったりと合います。当然ですね。

　和紅茶の場合、とくに滋納タイプはタンニンが少なく、少し青みも感じますので、洋菓子と合わせる場合は注意が必要です。そのまま飲むときよりもケーキを合わせた時の方が渋みを感じてしまったり、グリーンな印象がクリームやフルーツを生臭く感じさせたりします。

　基本的にはクリーム分や動物性の素材が沢山はいっているものは望蘭タイプ、和菓子のように植物性素材が多い場合は滋納タイプ。その中でも黒あんのように濃厚なものは発酵度が高いもの、練り切りなど白あんが中心のあっさりした和菓子には発酵の浅いタイプがおすすめです。

チョコレート×
みらい・南薩摩べにひかり

　チョコレートは紅茶のペアリングの中でかなり難しいジャンルです。カカオの味わいを楽しむ、ビーン・トゥ・バースタイルのチョコレート

屋さんも増えてきましたが、そのようなシンプルなチョコレートであるほど、ペアリングは難しく、その分相性が良いときの感動も素晴らし

いものです。

　和紅茶をミルクティーにする場合は無難に合わせやすいですが、ストレートでは基本的に両方とも苦み、渋みが主成分ですので、どうしても苦渋味が先行してしまいます。ですので、紅茶の方を濃さは感じるけど渋みは立たない、という淹れ方にする必要があります。具体的には茶葉を30％ほど減らして、時間を長くする方法です。

　ただ、カカオの発酵度が抑えめで、フレッシュハーブやベリー系の印象を持ったチョコの場合、それを引き出してあげる方がより個性が出ます。その場合は清廉タイプのフルーティーな紅茶を、短時間ですっきりと抽出した方が相性が良いです。チョコと紅茶のペアリングは、カカオとロースターの意図を感じ取りながら合わせる、ストイックなペアリングになりがちです。

　疲れたら、ミルクティーで気楽に楽しみましょう。

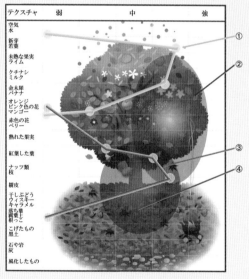

①みらい
②ベトナム産カカオ
③南薩摩べにひかり
④ハイチ産カカオ

　今回試したのはベトナムのカカオを使ったチョコレート。酸味が強く、フレッシュハーブの香り、若干のベリーの香りも感じます。

　もう一つは発酵度が高く、ボディがあり、ナッツやビーフジャーキーのような香りを持っている、ハイチ産カカオのチョコレート。

　酸味がある方にはみらいを合わせました。フレッシュな香りがより一層引き立ちます。みらいという品種は静岡の益井さんという方が育てている民間育成品種で、クマリンという香気成分を持っていると言われています。桜葉様の香りなのですが、フレッシュなハーブの香りや若いベリーなど、テクスチャの天に近い部分の香りを引き立てる効果があります。味わいはさっぱりしていますので、カカオの酸味や苦みを必要以上に引き立ててしまう心配がありません。

　発酵度が高い方には南薩摩の秋摘み。発酵度が非常に高いのですが、その過発酵気味の味わいが熟成したカカオの味わいと調和し、余韻が長く続きます。

ベリーケーキ×
杵築べにふうき

クリーム分の多いケーキなら、望蘭タイプの濃い紅茶が確実で、チョコレートやプラリネを使ったものも同様なのですが、フレッシュなフルーツなどを使い、酸味のあるものとなると少し難しいです。材料によっては酸味が強く、ケーキ自体は素材の酸味と生地の甘みでバランスがいいのですが、紅茶によっては甘みを流してしまい、酸味を引き立ててしまうので、結果として不快な雑味だけが印象に残ってしまう場合があります。どこに焦点を当てるかによりますが、せっかくの季節のフルーツを使ったものなら、そこを引き出しつつ、甘美なスイーツタイムを送りたいものです。

酸味と衝突しない、それでいてケーキの後味がすっきりなるように淹れるのはその場の直感力が必要ですが、慣れれば自然に出来るようになるでしょう。

今回は酸味のしっかり効いた、ベリー系のケーキに合わせてみました。

ブルーベリーやラズベリーといった、ベリー

系がたっぷり入ったケーキです。アントシアニン系と紅茶は、普通に合わせると渋みが重なり合い、不快になります。生地の甘さやクリームの配合にもよりますが、濃い紅茶は合わないでしょう。発酵がやや浅め～中程度の紅茶の方が香りの相性が良く、ベリーの爽快感を活かしてくれます。生地の性質も併せて考え、べにふうきを選びました。

　香りは相性良く、苦渋味が出過ぎないように、時間を短めで淹れています。一般的に、苦渋味を出さず、それでも薄く淹れたくはない、という時は、発酵の浅い紅茶は茶葉を増やして時間を短め、発酵の高い紅茶は茶葉を減らして時間を長め、とした方がよいです。

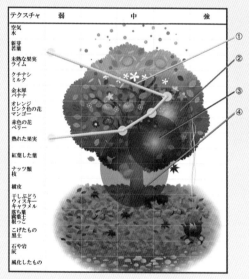

テクスチャ	弱	中	強

空気
水
新芽
若葉
未熟な果実
ライム
クチナシ
ミルク
金木犀
バナナ
オレンジ
ピンク色の花
マンゴー
赤色の花
ベリー
熟れた果実
紅葉した葉
ナッツ類
枝
樹皮
干しぶどう
ウィスキー
キャラメル
落ち葉と
腐葉土
こげたもの
黒土
石や岩
灰
風化したもの

①杵築べにふうき
②ベリーの果実
③ベリーのソース
④クッキー生地、タルト部分

　今回は時間を短く淹れる方を採用。ベリーのフレッシュさの方にスポットを当てたいからです。
　ベリーの香りと生地のホクホク感を邪魔せず、ベリーの余韻を心地よく残してくれる組み合わせになりました。

どらやき×
鹿児島産べにふうき

和洋折衷の最たるものかもしれません。正直、どんな紅茶でもそこそこ合います。

外側はたまごや小麦粉の入ったパンケーキ状のものですが、餡の水分が移動する、蜂蜜や水飴が入るなどの要素で独自のしっとり感が出ます。

カステラと同様、和の文化で育ったので、ミルクティーやカフェオレではなく、緑茶などにも合うバランスにされていると、腕の良い和菓子屋さんだな、と感心してしまいます。

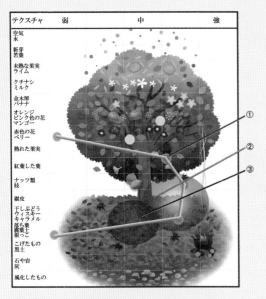

テクスチャ	弱	中	強
空気			
水			
新芽			
若葉			
未熟な果実			
ライム			
クチナシ			
ミルク			
金木犀			
バナナ			
オレンジ			
ピンク色の花			
マンゴー			
赤色の花			
ベリー			
熟れた果実			
紅葉した葉			
ナッツ類			
枝			
樹皮			
干しぶどう			
ウィスキー			
キャラメル			
落ち葉			
腐葉土			
根っこ			
こげたもの			
黒土			
石や岩			
灰			
風化したもの			

①鹿児島産べにふうき
②どら焼き生地
③粒あん

　ボリューム感があるので紅茶も発酵は高い方が良く、望蘭タイプでも滋納タイプでもそれほど違和感はありません。ただ、少し青さを感じるような仕上がりの和紅茶は避けた方がよさそうです。テクスチャ的に生地と餡のバランスからかけ離れているので、その部分を刺激に感じてしまいます。

　しっかり緑の緑茶や抹茶の方が、全く別のもので相殺になるので違和感はありません。ペアリングとしては単調で面白みはありませんが。

　和菓子と和紅茶のペアリングは、非常に合わせやすいものです。同じ和菓子でも、地域や時代によって内容が変わっていきます。長崎銘菓のカステラは、卵や小麦粉や使用されており洋菓子の雰囲気がありますが、長い歴史の中で緑茶やほうじ茶などにも合うように緻密にアレンジされており、同じメーカーでも、長崎の本店で買うものは緑茶に合わせやすく、東京などで買うと紅茶に合わせやすい、というものもあります。

　ペアリングを通じて、歴史や材料、成り立ちを考えてみるのも楽しいですね。

第5章　実践編

アレンジティーとペアリング

　紅茶は食事に合わせやすい飲料と私は思っています。重合タンニンが料理の後口を引き締めるからです。ただ、ワインやその他の飲料に比べて紅茶に含まれてないものも当然あります。

　その中でペアリングにおいて重要になるのは、酸、糖分、油分です（厳密には存在しているのですがペアリングにおいてはないも同然の量です）。

　これらが含まれているとペアリングの幅がさらに広がり、より多くの人に好まれやすくなります。

　果汁をはじめ、様々な素材を使ってアレンジすることにより、ペアリングの幅は非常に広がりますが、ブレンダーとして長年仕事をしてきた悲しさ。現在の私は紅茶の品質を鑑定したり、製茶工程を紐解くことに意識が向くようになってしまい、お茶をアレンジして飲む感覚がすっかり衰えてしまいました。

　食事やペアリングの場面でもついストレートの和紅茶のみで合わせたくなってしまい、自由な発想が出来ません。

　そこで、北九州の和紅茶カフェでもあり夜はバーになる「JAPANESE TEA HORN」の経営者でありバーテンダーとして活躍されている村上禎史さん、そして村上さんとタッグを組んで様々なペアリングを研究されている「Craft chocolatory Cutze」の店主、吉元貴世加さんにアレンジメニューをご紹介頂きました。

　村上さんはお酒のプロでありながら、和紅茶の生産地にも足繁く通われ、各生産地の特徴についてよくご存じで、昼はティーハウス、夜はバーと、様々なお客様へのサービスを通じてペアリングや香味の構成を考えてらっしゃいますので、私よりもはるかに実践的なアレンジティーを提案して頂けます。

　吉元さんの方は福岡県の工房で bean to bar（カカオ豆から作るチョコレート）を使用したオーダーメイドのボンボンショコラ等を製造、販売してらっしゃいます。

　お二人の創造したアレンジティーとペアリングの世界を見てみましょう。

村上さんと吉本さん

3種のボンボンショコラ×
天の紅茶＋クロモジ＋バーボン (I.W. ハーパー 12年)

　ボンボンショコラはグアバ×ライチ、リュバーブ×バラ、コチュジャン×フランボワーズ、の3種。味の構成は複雑ですが、一貫的にフラワリー（花のような）の要素、特にバラのニュアンスが特徴的であり、エレガントな印象があります。

　ドリンクは強焙煎によって香ばしさが生まれた天の紅茶をベースにクロモジとバーボン（I.W. ハーパー 12年）で構成を整えています。

　天の紅茶の香ばしさはベリー系のフルーティーさやバラの香りと相性が良く、その味わいは濃い味わいであるチョコレートとバランスがとれています。加えたバーボンのバニラ香と樽の内側を焦がした製法からくる香りは、天の紅茶の香りに厚みを作り、チョコレートとの親和性を高くします。さらに、天の紅茶と共に抽出をしたクロモジはフラワリーな要素を強め、余韻をシャープにすることで洗練された都会的なニュアンスを演出しています。ペアリングによって香りは香水のように広がっていき高級感のある味わいが完成しました。

苺のザッハトルテ×瀬戸谷もみじ紅茶＋
焙じ茶＋ミント＋ブランデー（ダニエル ブージュ）

クラシックなチョコレートの糖衣とチョコレートの生地、そして一般的にはさむのはアプリコットジャムですが、今回は苺のジャムをはさんだ苺のザッハトルテです。ケーキ全体にチョコレートが多く使用されているため、味わいは濃くリッチ。苺の香りと酸味がアクセントになっています。母の日の菓子として、ノスタルジーと少女感をテーマに作られました。

ドリンクは瀬戸谷もみじを主体とし、焙じ茶で味の厚みを作り、ミントとブランデー（ダニエル ブージュ）が味や香りの広がりを作っています。シンプルなザッハトルテのなかでもアクセントとなっている苺の要素を引き出し、複雑さをつくるようなイメージです。

瀬戸谷もみじの持つ甘みが苺の味わいを引き出し、僅かなミントの爽やかさがアクセントとして苺を強調、ブランデーの華やかな香りが苺の甘い香りを広げます。そして、焙じ茶の香りが加わることでチョコレートとの親和性は高まり、ほっとするような味わいがノスタルジー感を演出しています。

ガトー　エキゾチックピスターシュ×
月ヶ瀬紅茶（ウンカ芽）＋ジン（ジーヴァイン）

バナナ、マンゴー、パッションフルーツといっ
たトロピカル系フルーツのジュレとクリーム、
コクのあるピスタチオのクリームと生地が層に
なったガトー（ケーキ）です。季節は夏だけれど
もコクのあるしっかりとした味わいのガトーを、
ということで考案されました。

ドリンクは月ヶ瀬紅茶（ウンカ芽）にジン（ジー
ヴァイン）を加え、フルーティーな味わいを引き
立てるような構成になっています。

茶樹の力強さが現われた味わい、ウンカ芽か
らくる飲みごたえは、ガトーのコクとバランス
が良く、緑茶品種由来の爽やかさはピスタチオ
の青い味わいと調和し、トロピカルフルーツを
引き立てます。ジーヴァインの白ブドウ由来の
フルーティーさは月ヶ瀬紅茶と同じく、ピスタ
チオに対しては青さを、バナナやマンゴーに対
してはフルーティーさを、それぞれ強調する要
素があります。ガトーと月ヶ瀬、両方の似た要素
を強調、補強することで複雑な構成を分かりや
すく、テーマに合う夏らしいフルーティーで爽
やかなペアリングを作りました。

第 5 章　実践編

コラム ペアリングと化学成分

リナロール、クマリン、ゲラニオール、ジメチルスルフィド。紅茶には多くの香気成分が含まれています。それぞれが花のようであったり、桜葉や青のりのようであったり、その性質は様々です。品種や製法、淹れ方によって成分も変わりますし、同じ成分でもほんの少しバランスが変わっただけで全く違う香りに感じることも日常です。

72ページのクレソンのサラダの時に使ったメントール系の香りを持つ紅茶が辛みを中和する効果を利用したペアリング、86ページのマグロのステーキにバルサミコ酢を使ったソースに同じぶどうの香りを持つ印雑を合わせた時のように、共通の成分が含まれるもの同士を合わせる基本的なペアリングの技術があります。

確かに有用ですし私も積極的に勉強したいと思っているのですが、個人的にあまり人にはおすすめしておりません。その理由として、一つにはペアリングするときにその一定の成分にだけ思考が偏ってしまい、全体的なバランスが疎かになってしまう可能性があるからです。

「これにはこの共通の成分があるから合うはずだ！」と思ってやってみると、その部分に脳や舌の感覚が集中してしまい、自分では「よし、ばっちり！」と思っていても別の人が突然飲んだ時に「？？」となってしまうことがあります。最初に言葉で説明ができれば相手にも同じ感覚を共有できるでしょうが、それでも、全体的なバランスを無視して成分同士の相性のみに

拘ってしまっては独りよがりなサービスになってしまいます。私自身もやってしまう時がありますし、実際の飲食の現場でも見てしまうことがありますが、化学用語や知識で無理やり納得させてしまうような「美味しさの強要」にならないように気を付ける必要があります。

もう一つの理由として、美味しさと科学(化学)の分野もまだ完全ではない、ということです。「ペアリングは科学だ」という人もいますし、もちろんそういった思考から組み立てた方がしっくりとくるタイプの人もいると思いますが、香りや味の主成分と言われていたものが、後にあまり関係ないとわかったりすることはよくあります。

物事を理解するのにそれぞれの成分がどのように含まれ、変化しているのかは理解度を深めるために必要と思いますが、そこにばかり焦点を当ててしまうと美味しさや楽しさを届ける人間として大事なものを見逃してしまうような気がします。

今回紹介しているテクスチャマッピングは、それぞれ複雑に関係しあっている香りや味わいの要素をより感覚的、総合的にイメージでとらえる事が出来るようにと思って作っています。私もセミナーなどをやっていると、少し成分名などの横文字を使った方が説得力が出るのでついつい頼ってしまいがちです。自分の権威付けに横文字や理論を使って相手を丸め込むようでは、ビジネスの世界では何とかなっても、サービスの世界では本当の感動を共有できないはず。自分の思考が固まらないようにするのは大事ですね。

第 6 章

和紅茶のペアリングが楽しめるお店紹介

写真提供　とんかつ料理屋 弐人〜MITARI〜

お野菜小皿料理のワインバル KiboKo

【お店の基本情報】

店主　沼波 奈緒子

　新宿2丁目交差点角のビル4階でひっそりと営業している隠れ家的お店。忙しい女性が体の中から綺麗になって活躍してほしい。そんな思いで店主・沼波奈緒子が選んだ料理は体に負担の少ないvegan(完全動物性不使用)料理でした。しかも野菜は無農薬・無化学肥料が最低条件でさらに自身が美味しいと思った生産者のものだけ。調味料なども無添加で昔ながらの作りにこだわったものを使います。いわゆるveganの方々だけでなく、さまざまな食の志向、文化の方々が一緒に楽しめるような料理を志し、アルコールが好きな人にはナチュラル思考のワイン、ノンアルコールの人には常温の和紅茶を「ディナー紅茶」と呼んでワイングラスで提供しています。あくまで多様な人々の食の個性に向きあう小さな小さなワインバルです。

【おすすめのペアリング】

・卵を使わないスパニッシュオムレツと
　釜炒り茶柴本さんの「手摘み和紅茶」

　フレンチやイタリアンの料理人も驚いた卵を使わないのにふわふわトロトロ食感を持つスパニッシュオムレツ。卵を使ってないなんて信じられない！　という声がほとんど。味と食感の秘密はぜひお店で店主に聞いてみて。柴本さんの和紅茶は柔らかくもしっかりとした旨味があり、渋み少なめで綺麗な口当たり。この料理の滑らかさと、旨味をしっかりと後押ししてくれま

す。無農薬・無肥料で栽培されているところも店主のお気に入り。

・肉を使わないしっかり味のチリコンカンと
　「ひのはら紅茶」

　通常挽肉を使うペースト部分は日本の昔からの素材が使われます。材料の旨みを生かし、ちょっと辛味のあるしっかりした味付けはワイン飲みも大満足。これも使われた素材を聞いたらびっくり！　さぁこれには「ひのはら紅茶」を合わせましょう。程よい渋みと酸味がワインのようにこの料理を引き立てます。

【お店の住所、営業日など】

〒160-0022　東京都新宿区新宿2-5-8
　　　　　　 志村ビル4階
TEL&FAX：03-6380-1709
HP：https://www.vegan-kiboko.com/
営業時間：金・土曜日　12:00-17:00
　　　　　　 18:00-22:00(L.O21:00)
　　　　　　 日曜日　12:00-17:00
定休日：月～木曜日
※和紅茶は仕入れ状況によって変わる場合があります。

お茶とお菓子まやんち

【お店の基本情報】

『お茶とお菓子まやんち』は世界の紅茶と手作りのお菓子を提供しているティールームです。ティーリストには常時40種類以上をリストアップしております。インドやスリランカ、中国や台湾などに加えて、特に近年は国産紅茶のラインアップを増やしております。お菓子は手作りの優しい風味を大切にして、旬の素材を活かした季節感のあるメニューを提供し、紅茶とのペアリングをお楽しみいただいております。

内装には木や漆喰といった自然素材を用いて、温もりのある空間でティータイムをお過ごしいただいております。

会員制のお菓子教室、不定期開催の紅茶教室も行っております。ティールームと教室、ともに手作りの美味しさをお伝えしております。

【おすすめのペアリング】

・『ガトーバナーヌ』と
『マルヒ製茶・紅茶・香駿・セカンドフラッシュ』
ガトーバナーヌはバナナをたっぷり使い、胡桃と一緒に焼いております。直径18cmのサイズのケーキを作るのにバターはわずか10g、小麦粉ははずか30gという健康志向のお菓子のようですが、しっかりと洋菓子感がある不思議なケーキです。バナナの香りと香駿のハーブのような香りがどちらかが勝つでも負けるでもなく、ちゃんと主張し合って、そのまま余韻となります。この組み合わせに出会ったときに、ペアリングとはこういうものだと実感しました。

・『フレジエ』と
『吉田茶園・紅茶・いずみ・セカンドフラッシュ』
吉田茶園のいずみ2ndフラッシュは非加熱のバターを用いたケーキによく合います。また、フレジエに使っている苺やフランボワーズはバラ科に属していることもあり、いずみのゲラニオールの香気と同類項のペアリングの代表例として紹介しております。

【お店の住所、営業日など】

〒144-0052　東京都大田区蒲田5-43-7
　　　　　　ロイヤルハイツ蒲田207
TEL：03-6276-1667
HP：https://www.mayanchi.net/
営業時間：金曜　11:30-19:00

①昭和55年築の古いビルの一室を改装したティールーム玄関の写真。
②ガトーバナーヌ　③フレジエ
④看板メニューのアフタヌーンティー
　（季節により内容は変わります）

茶 cafe&shop chabaco

【お店の基本情報】

　新国立競技場を設計した隈研吾氏が手掛けた店舗は思わずゆっくり過ごしてしまう特別な空間。このお店を運営するのは近年注目を集める和紅茶の生産農家さしま茶長野園です。運が良ければオーナーの花水理夫さんと紅茶談義ができるかもしれません。紅茶のテイスティングができるので(有料)花水氏のつくる個性あふれる紅茶からあなた好みの一杯を見つける事ができます。

【おすすめのペアリング】

・フラワーケーキとM1(実生やぶきた春摘み)

　バターをたっぷり使ったカップケーキに白あんデコレーションのインスタ映えケーキ。発酵をかなり浅く作られたM1のしゅっとした渋みが白あんの甘みを滑らかにします。アフターノートにM1のやわらかな花香に包まれ、フラワーケーキの視覚と紅茶の嗅覚が一体となり最後の一口までおいしくお召し上がりいただけます。

・いちごと紅茶のごほうびパフェと
　H1(べにひかり春摘み)

　パフェは1月上旬〜5月上旬の旬限定地元の完熟いちごをメインに、まるごと焼きたてスコーンやいちごとベリー、グレープフルーツのマリネ、最後はスパイスの効いたクランブルとミルクアイスでチャイのように変化を楽しむ季節のパフェ。メインのいちご(とちおとめ)の酸味とべにひかりのメンソール系の清涼感が絶妙にマッチ。

【お店の住所、営業日など】

〒306-0434　茨城県猿島郡境町上小橋446-4
　　　　　　モンテネグロ会館内
TEL：050-3138-2885　FAX：050-3457-9255
HP：https://www.naganoen.com/shop/
営業時間：10:00-16:00
定休日：日・月曜日
　備考:お店で提供する和紅茶は基本的に週替わりで春摘み/夏摘み各1点からお選びいただいておりますが、「どうしてもこれが飲みたい」という方はスタッフにお申し付けください。

コラム ペアリングで美味しさが 長持ちする。割烹ふしきの

　東京の神楽坂に「ふしきの」というお店があります。全国から厳選した日本酒が楽しめるお店です。食事と日本酒のペアリングを深く体験できる空間ですが、11年連続ミシュランの星もとっている名店で、日本酒に詳しい方でしたらご存じかもしれません。こちらでは会席料理のコースと、それぞれに合わせた日本酒のペアリングが楽しめます。それぞれの料理に、このお酒を、この温度で、この器でお楽しみ下さい、という具合にサービスされ、日本酒や器の奥深い話も一緒に楽しむことが出来ます。和紅茶はどこに登場するのでしょう？　和紅茶は極薄い水出しで、チェイサー代わりに無料で提供されます。チェイサーは日本酒のシーンでは和らぎ水といって、酔いを覚まし味覚をリセットする役目でお水がサービスされますが、これが薄い和紅茶になっています。なぜ和紅茶になっているのか？　それは、日本酒と和食のうま味、甘み、香りといった要素を、水よりも程よくリセットするからです。酸化重合したタンニンが味覚だけでなくほろ酔い気分の緩んだ意識もリセットしてくれることで、後半になってもお客様は店主の話しを楽しみ、深い世界観を満喫出来ます。その結果どうなるか？　お酒を楽しく、深く味わえることで、さらに1〜2品お酒を楽しみたいと思えるようになるのです。客単価がそれで上がるなら、紅茶を無料でサービスしても十分に元がとれますし、最後までしっかりと味わえることでリピートも増えます。私もお酒の開発をしているチームと試しま

したが、なるほどお水では感覚が緩み後半にだれてくるところが、この方式ですと味覚と意識の下降がゆるやかです。高いサービスを目指す飲食店にとっては最後までサービスを満喫してもらい、記憶して頂く事は利益になることでしょう。ポイントは紅茶が主張しすぎない、程よいおとなしさと、それでいてしっかりとコクを感じる発酵をした紅茶でなくてはいけないということ。ただの薄い紅茶では役割を果たさず、濃い紅茶ではその世界観を邪魔してしまいます。ここのお店で使うブレンドは毎年店主さんと打ち合わせしながら数ヶ月掛けてその年のブレンドを決めていきます。

　重要なのは、お菓子とお茶、料理とお茶だけでなく、水を紅茶に替えるだけでも、美味しさや満足感に変化がある、という事です。そしてもう一つはペアリングによって最適な紅茶の濃度＝淹れ方が変わってくるということも忘れてはいけないでしょう。

JAPANESE TEA HORN

【お店の基本情報】

　店主　村上 禎史

　北九州市小倉駅南口より徒歩2分。お昼は和紅茶喫茶、夜はBAR営業をしています。

　BAR HORNを2011年に開業して11年、6年程前から和紅茶に魅力を感じ、JAPANESE TEA HORNをオープンしました。

　お昼は和紅茶に合うケーキやスコーンなどをご用意しています。夜はウイスキー、ジンなど洋酒全般を取り扱い、中でも和紅茶をベースにつくられたオリジナルカクテルが人気です。

　昼夜問わずお茶やお酒を通じて、リラックスできる空間を大切にしたお店づくりを心がけています。

【お店の住所、営業日など】

JAPANESE TEA HORN　BAR HORN

〒802-0002　福岡県北九州市小倉北区京町
　　　　　　3丁目6-6

営業時間：14:00-18:00　Tea Time／
　　　　　19:00-25:00　BAR Time

定休日：Tea Time　日・月・火曜日／
　　　　BAR Time　月・火曜日

備考：チャージ料金 ¥550
　　　喫煙可（カウンターのみ）

あとがき

この本が出版されるこの年2023年、私が和紅茶専門店 紅葉を開業して23年になり、その間、和紅茶の立ち位置は大きく変わりました。品質も向上し、一般消費者から紅茶関係者まで、和紅茶の評価も変わり、ちゃんと良いものは評価されるようになってきました。本文にも書いたように、バリエーション豊かな和紅茶の魅力を、より伝えやすくするためにペアリングは20年以上変わらず私にとって重要なテーマでした。アルコールの苦手な体質にもかかわらず、ペアリングですでに研究の進んでいたワインや日本酒の勉強会にもよく参加したのですが、体質は変えられず、ペアリングの理論や考え方は理解できても、ほとんどの場合楽しくありませんでした。それよりもその後の頭痛や体調不良の心配の方が頭によぎる始末。

同じようなノンアルコール派が集まると、話題はレストランで提供されるソフトドリンクのラインナップの貧弱さに悲憤慷慨しておりました。私も飲食店を営む人間ですので、飲食店側の事情も分かります。それを変えるべく開発された商品も多く見かけますが、まだ一般的なレストランや居酒屋で楽しめる土壌はできていないようです。

2020年、新型コロナウィルスの流行により、アルコール類が提供できなくなった飲食店がノンアルコールとのペアリングメニューに本気で取り掛かるようになりました。本来はそのタイミングで出版したかったのですが、新型コロナウィルスの騒動でお店が暇になるどころか逆に様々な問い合わせが増え、完成までに2年以上の時間がかかってしまいました。

私も本を出すからにはと、改めてペアリングを意識して様々な体験に挑戦してきました。その中で、海外のシェフが開発したという、新しいノンアルコールペアリングドリンクを取り寄せたときのこと。料理の世界について私も素人ですので知識はないのですが、世界的にも有名なレストランで修業した数人が開発したというそのドリンク、実際に料理を複数用意して仲間達と試してみると、実に不可思議な味わい。まず、塩味が強くてドリンクというよりスープ。甘みや酸味も抑えめですし、知らないハーブの香りも複数。正直、ドリンクとしてはあまり美味しいと思えるものではありませんでした。推奨された料理に近いものを合わせても、美味しいような、美味しくないような？？？という感じです。

そう、これは恐らくそのシェフ達がつくる料理をさらに美味しくする為のドリンクなのです。ドリンクそのものの美味しさではなく、ペアリングしたときに、「料理の方が」美味しくなるように作られているのでしょう。まさにアーティスト気質、自分のわがままを貫き通した芸術作品でした。我々飲料側の人間が作ればこうはならないでしょう。料理を引き立てる、とは言え、ドリンクとしても成立してほしい、私であれば和紅茶としての完成度がまずしっかりしていないと我慢できません。

例えば製造不良で不自然な酸味がでた和紅茶があって、それがピクルスに合うと言われても認めることはできないでしょう。私は紅茶の世界の中では品質等についてあまりうるさく言う方では無いと思っていますが、それでも手抜きや製造不良を誤魔化す手段としてペアリングを使ってはいけない！と言ってしまう可能性は大いにあります。

私が今回この本で和紅茶のアレンジティーレシピをあまり紹介していなかったり、紹介している和紅茶に偏りがあるのはそのせいでもあります。私は飲食の場面でペアリングを語るには和紅茶が好きすぎるのかもしれません。

しかし、料理をする側からすれば、細かい製造工程がどうのこうの、というよりも自分の料理を引き立ててくれるかどうか？が大事でしょう。これは対立するべき点ではなく、お互いの立場と主観の違いです。

ペアリングを経験していくと、これにはこれを合わせた方がよい、とかこうするともっと良くなる、という知識は増えていきますが、どこに魅力を見出し、どこに欠けた部分を感じるかは人それぞれ。どの視点からも完璧なものなどない、と理解することは必要なのではないでしょうか？

本文にも書いていますが、ペアリングを通じて「なるほど、このお茶を合わせるということは、この部分の香りをバラの香りのように変えたいんだな」というように、料理人やサービス側と会話を通さなくても意図が理解できるようになれば、ペアリングは無限の楽しみを与えてくれます。

先ほどのノンアルコールペアリングドリンクも、「こんなのドリンクとして美味しくない。料理と合わせる前に飲み物として美味しくなきゃ」とは思いませんでした。私も一緒に飲んだ仲間にも、頭に浮かんできたのは、自分たちの料理をもっと美味しくするため、恐らくはあえて単体では美味しくないものをつくり、ペアリングをしたときに衝撃を与えてやろう、という悪戯っぽい笑顔を浮かべた作り手たちの顔です。きっと料理の中にたくさんの創意工夫とメッセージを入れ込んでいるのでしょう。ペアリングをした時、絵合わせパズルが完成したときのような驚きと感動を我々に与えようとしたに違いありません。条件が整わなかったのでその感動を我々は味わうことはできませんでしたが、

「いや〜、やりたい放題作ってますね〜」

「もうこれ、自分たちの料理のことしか考えてないよねー」

と言いながら、私たちも同じく悪戯を思いついた子供の顔になっていました。

料理も飲み物も、人を楽しく幸せにする為、みんなが工夫して美味しいものを探しています。

ペアリングはそれを何倍にも膨らませてくれるもの。ペアリングの知識や好み、考え方で人を批判するのではなく、相手と心を通じ合わせる手段になれば、と心より願っております。

——————

この本を制作するにあたり、多くの人にご協力頂きました。ご紹介した店舗の皆様、アレンジティーレシピをご提案頂いた村上禎史様、特に、ペアリングに使用した料理を作ってくれた高岡盛志郎シェフは私が最も敬愛する料理人ですが、

「辛い物をテーマに、いくつか作ってください。辛さの質も色んな辛さで」

「苦いものをテーマに、若い苦み、土っぽい苦み、焦げた苦み、動物のもつ苦み、でそれぞれお願い致します」

と言った適当なリクエストにも関わらず、どれもテーマに応じた素晴らしい料理を作っていただきました。全部紹介できなかったのが残念です。

その他、この場を借りて書籍の制作に関わってくださった皆様、そして「和紅茶のペアリングの本を書きたい」と私が言った時、「それすごくいいと思う！」と背中を押してくれた妻に、改めて感謝いたします。

和紅茶専門店 紅葉〜くれは〜
代表　岡本 啓

筆者プロフィール

岡本啓（おかもと ひろし）

1973年福岡県生まれ。
トラック運転手から2001年に紅茶専門店を開業。
同2001年に日本産の紅茶の魅力に惹かれ、和紅茶専門店へと方向を転換。
全国各地の生産者を回り、
生産現場を体験しながら和紅茶の販売を開始する。
以来20年以上の間、和紅茶専門店の店長として和紅茶の魅力を発信中。
各地で和紅茶の楽しみ方、淹れ方などを講演してまわっている。

和紅茶ブレンダーとして、数ある和紅茶をブレンドし、
クライアントの要望に応じて商品を開発している。
著書に『和紅茶の本』がある他、専門誌等にコラムを寄稿している。

和紅茶ペアリング
―和紅茶を通して考える　味覚と香り、組み合わせの秘密―

2023年11月10日　第1刷発行

著　者　岡本 啓
おかもとひろし

発行者　太田宏司郎
発行所　株式会社パレード
　　　　大阪本社　〒530-0021　大阪府大阪市北区浮田1-1-8
　　　　　　　　　TEL 06-6485-0766　FAX 06-6485-0767
　　　　東京支社　〒151-0051　東京都渋谷区千駄ヶ谷2-10-7
　　　　　　　　　TEL 03-5413-3285　FAX 03-5413-3286
　　　　https://books.parade.co.jp
発売元　株式会社星雲社（共同出版社・流通責任出版社）
　　　　〒112-0005　東京都文京区水道1-3-30
　　　　　　　　　TEL 03-3868-3275　FAX 03-3868-6588

装　幀　河野あきみ（PARADE Inc.）
印刷所　中央精版印刷株式会社